Dreiklang

別冊練習帳

郁文堂

第1課

語彙

1. 以下の英単語をドイツ語にしましょう。

I（　　　　　）you（　　　　　）（　　　　　）he（　　　　　）she（　　　　　）

they（　　　　　）we（　　　　　）Hello!（　　　　　）Good morning!（　　　　　）

Good bye!（　　　　　）Thank you.（　　　　　）

2. 下から適切な語を選んで入れましょう。

Ich komme aus der Schweiz. Ich bin　　　（　　　　　　　　　　　　　）.

Ich komme aus China.　　　Ich bin　　　（　　　　　　　　　　　　　）.

Ich komme aus Japan.　　　Ich bin　　　（　　　　　　　　　　　　　）.

Ich komme aus Deutschland. Ich bin　　　（　　　　　　　　　　　　　）.

> Schweizer,　Deutsche,　Chinesin,　Japaner

文法

1. （規則変化動詞）単語の意味を書き，表を完成させましょう。

（意味）	studieren （　　）	fliegen （　　）	heißen （　　）	warten （　　）	arbeiten （　　）
ich	studiere		heiße	warte	
du		fliegst			
er/sie/es					arbeitet
wir		fliegen			
ihr			heißt	wartet	
Sie, sie	studieren				arbeiten

2. （規則変化動詞）次の文章を訳し，指示に従って書き換えましょう。

① Monika fliegt heute nach Deutschland.（　　　　　　　　　　　　　　　）

　　主語を Sie に（　　　　　　　　　　　　　　　）

② Frau Schmidt wohnt jetzt in Japan.（　　　　　　　　　　　　　　　）

　　主語を du に（　　　　　　　　　　　　　　　）

③ Ich heiße Jakob Bauer. （　　　　　　　　　　　　　　　　　　　　）

　　主語を du に （　　　　　　　　　　　　　　　　　　　　　　　　　）

3. （文の作り方）次の文章を，指示に従って書き換えましょう。

① Monika kommt aus Deutschland. （aus Deutschland を文頭に置く）

（　　　　　　　　　　　　　　　　　　　　　　　　　　　　　　　　）

② Frau Schmidt wohnt in Japan. （in Japan を文頭に置く）

（　　　　　　　　　　　　　　　　　　　　　　　　　　　　　　　　）

③ Du studierst in Heidelberg. （疑問文に。Ja ＋ 肯定文で答えた文も書く。）

（　　　　　　　　　　　　　　　　　　　　　　　　　　　　　　　　）

④ Herr Müller wohnt in Berlin. （否定文に）

（　　　　　　　　　　　　　　　　　　　　　　　　　　　　　　　　）

⑤ Jakob arbeitet heute. （否定文に）

（　　　　　　　　　　　　　　　　　　　　　　　　　　　　　　　　）

⑥ Sie heißt Heidi. （疑問文に。Nein ＋ 否定文で答えた文も書く。）

（　　　　　　　　　　　　　　　　　　　　　　　　　　　　　　　　）

4. （疑問詞）単語を並べ替え，動詞を適切に変えて疑問文を作りなさい。また，適切と思われる答えの文を次のページの枠の中から選んで書きなさい。

① du, schreiben, was ?

（　　　　　　　　　　　　　　　　　　　　　　　　　　　　　　　　）

（　　　　　　　　　　　　　　　　　　　　　　　　　　　　　　　　）

② wo, er, sitzen?

（　　　　　　　　　　　　　　　　　　　　　　　　　　　　　　　　）

（　　　　　　　　　　　　　　　　　　　　　　　　　　　　　　　　）

③ lachen, wer, jetzt?

（　　　　　　　　　　　　　　　　　　　　　　　　　　　　　　　　）

（　　　　　　　　　　　　　　　　　　　　　　　　　　　　　　　　）

④ Sie, was, lernen, gern ?

（　　　　　　　　　　　　　　　　　　　　　　　　　　　　　　　　）

（　　　　　　　　　　　　　　　　　　　　　　　　　　　　　　　　）

⑤ woher, kommen, ihr

（　　　　　　　　　　　　　　　　　　　　　　　　　　　　　　　　）

（　　　　　　　　　　　　　　　　　　　　　　　　　　　　　　　　）

Wir kommen aus der Schweiz. Ich schreibe einen Brief（手紙を）. Ich lerne gern Deutsch.

Er sitzt da（そこに）. Monika lacht jetzt.

5. (sein 動詞) 単語を並べ替え，動詞を適切に変化させて文章を作りましょう。

① ich, Student, sein　　　　　（　　　　　　　　　　　　　　）

② Mari, Japanerin, sein　　　（　　　　　　　　　　　　　　）

③ du, Koreaner, sein?　　　　（　　　　　　　　　　　　　　）

④ Ärztin, sein, Sie?　　　　　（　　　　　　　　　　　　　　）

6. （まとめ）

・次の疑問文に，括弧内の語を使って答えましょう。

① Woher kommen Sie?　(Leipzig)

（　　　　　　　　　　　　　　　　　　　　　　　　　　　　　）

② Wo studiert Heidi?　(Frankfurt)

（　　　　　　　　　　　　　　　　　　　　　　　　　　　　　）

③ Ist er Lehrer?　(ja)

（　　　　　　　　　　　　　　　　　　　　　　　　　　　　　）

④ Kommt ihr aus Heidelberg?　(nein)

（　　　　　　　　　　　　　　　　　　　　　　　　　　　　　）

⑤ Wohnen Frau Müller und Herr Tanaka nicht in Deutschland?　(doch)

（　　　　　　　　　　　　　　　　　　　　　　　　　　　　　）

・次の文が答えとなるような疑問文を作りましょう。

① Er arbeitet in Bremen.

（　　　　　　　　　　　　　　　　　　　　　　　　　　　　　）

② Ja, sie kommt aus der Schweiz.

（　　　　　　　　　　　　　　　　　　　　　　　　　　　　　）

③ Ja, er ist fleißig.

（　　　　　　　　　　　　　　　　　　　　　　　　　　　　　）

④ Doch, ich lerne gern Französisch.

（　　　　　　　　　　　　　　　　　　　　　　　　　　　　　）

第2課

語彙

1. 以下の日本語をドイツ語にしましょう。

＞ 規則動詞

・歌う (不定形) (　　　　　)　　君は歌う (　　　　　)　　彼は歌う　(　　　　　)

・聞く (不定形) (　　　　　)　　私は聞く (　　　　　)　　彼らが聞く (　　　　　)

＞ 不規則動詞

・読む (不定形) (　　　　　)　　私は読む　(　　　　　)　　彼は読む　(　　　　　)

・走る (不定形) (　　　　　)　　私は走る　(　　　　　)　　君は走る　(　　　　　)

・話す (不定形) (　　　　　)　　私達は話す (　　　　　)　　彼は話す　(　　　　　)

2. 以下の名詞を日本語にしましょう。また，それぞれ定冠詞と不定冠詞を付けて書きましょう。

	日本語	＋定冠詞	＋不定冠詞
Buch	(　　　　)	(　　　　　)	(　　　　　)
Garten	(　　　　)	(　　　　　)	(　　　　　)
Zeitung	(　　　　)	(　　　　　)	(　　　　　)

文法

1. (趣味の動詞，不規則変化動詞) 文章を適切に区切り，訳しましょう。

① HörstdugernMusik? Nein, ichhörenichtgernMusik.

(　　　　　　　　　　　　　　　　　　　　　　　　　　　　　　　)

(　　　　　　　　　　　　　　　　　　　　　　　　　　　　　　　)

② Erreistgern. ErfährtheutenachMünchen.

(　　　　　　　　　　　　　　　　　　　　　　　　　　　　　　　)

(　　　　　　　　　　　　　　　　　　　　　　　　　　　　　　　)

③ Liestdugern? Ja, ichlesegernRomane.

(　　　　　　　　　　　　　　　　　　　　　　　　　　　　　　　)

(　　　　　　　　　　　　　　　　　　　　　　　　　　　　　　　)

④ SpielstduheuteFußball? Nein, ichgeheheutespazieren. IchtreibenichtgernSport.

(　　　　　　　　　　　　　　　　　　　　　　　　　　　　　　　)

(　　　　　　　　　　　　　　　　　　　　　　　　　　　　　　　)

2. （趣味の動詞，不規則変化動詞）括弧内の動詞を適切に変化させて入れましょう。

① Er (　　　　　　) gut. (schlafen)

② Wohin (　　　　　　) du? -Ich (　　　　　　) nach Frankfurt. (fahren)

③ Was (　　　　　　) du gern? -Ich (　　　　　　) gern Comics（漫画）. (lesen)

④ (　　　　　　) Julia gut Englisch? -Ja, sie (　　　　　　) gut Englisch. (sprechen)

3. （名詞の性，定冠詞と不定冠詞，代名詞の仕組み）例にならって答えましょう。

例：Was ist das? (Das ist ein Apfel. Er ist frisch.　　　　　　　　　　　　) （リンゴ，新鮮）

① Was ist das?　(　　　　　　　　　　　　　　　　　　　　　　) （卵，大きい）

② Was ist das?　(　　　　　　　　　　　　　　　　　　　　　　) （ケーキ，小さい）

③ Was ist das?　(　　　　　　　　　　　　　　　　　　　　　　) （カバン，美しい）

④ Was ist das?　(　　　　　　　　　　　　　　　　　　　　　　) （ノート，新しい）

4. （まとめ）指示にしたがって答えましょう。

① Sprichst du Deutsch?（肯定で）

(　　　　　　　　　　　　　　　　　　　　　　　　　　　　　　　　　)

② Fährst du nach Deutschland?（否定で）

(　　　　　　　　　　　　　　　　　　　　　　　　　　　　　　　　　)

③ Wie ist das Lied?（美しい schön，と答える）

(　　　　　　　　　　　　　　　　　　　　　　　　　　　　　　　　　)

④ Wohin fährt er?（ベルリン Berlin へ，と答える）

(　　　　　　　　　　　　　　　　　　　　　　　　　　　　　　　　　)

⑤ Sprichst du nicht gut Deutsch?（そんなことない，上手に話す）

(　　　　　　　　　　　　　　　　　　　　　　　　　　　　　　　　　)

⑥ Schläfst du nicht gern?（そんなことない，寝るのは好きだ）

(　　　　　　　　　　　　　　　　　　　　　　　　　　　　　　　　　)

⑦ Reist du nicht?（そうなんです，旅行しません）

(　　　　　　　　　　　　　　　　　　　　　　　　　　　　　　　　　)

5. （まとめ）括弧内の単語を使って日本語にあうドイツ語の文章を作りなさい。

① 君たちはハイデルベルクに行くの？　(fahren, nach Heidelberg)

(　　　　　　　　　　　　　　　　　　　　　　　　　　　　　　　　　)

② 彼は日本語とフランス語を話す。　(sprechen)

(　　　　　　　　　　　　　　　　　　　　　　　　　　　　　　　　　)

③ その庭は大きくない。 （groß）

（　　　　　　　　　　　　　　　　　　　　　　　　　　　）

④ その公務員は若いですか？ いいえ，歳をとっています。 （der Beamte）

（　　　　　　　　　　　　　　　　　　　　　　　　　　　）

第3課

語彙

1. 絵と語を適切に線でつなぎましょう。

s Buch　　　r Regenschirm　　　s Heft　　　r Bleistift　　　r Brief

e Uhr　　　e Zeitung　　　r Kugelschreiber　　　e Tasche

2. （essen, trinken）自分の好みで答えましょう。

① Isst du gern Fleisch?　　　（　　　　　　　　　　　）

② Trinkst du gern Kaffee?　　（　　　　　　　　　　　）

③ Isst du häufig Gemüse?　　（　　　　　　　　　　　）

④ Trinkst du oft Wasser?　　（　　　　　　　　　　　）

3. 下は頻度をあらわす副詞です。頻度の高い順に並べてください。

selten　　　oft　　　nie　　　manchmal　　　immer

4. 下から 3 格，4 格と結びつく動詞をそれぞれ選び，意味を書いてください。

4 格と結びつく

（動詞　　　　　　　意味　　　　　　　）（動詞　　　　　　　意味　　　　　　　）

（動詞　　　　　　　意味　　　　　　　）（動詞　　　　　　　意味　　　　　　　）

3 格と結びつく

（動詞　　　　　　　意味　　　　　　　）（動詞　　　　　　　意味　　　　　　　）

（動詞　　　　　　　意味　　　　　　　）（動詞　　　　　　　意味　　　　　　　）

---

finden,　gehören,　helfen,　machen,　wissen,　danken,　besuchen,　gefallen

---

文法

1. （4 格と結びつく動詞）文章を適切に区切り，訳しましょう。

① DieStudentinhateinenBleistiftundeineZeitung.

（　　　　　　　　　　　　　　　　　　　　　　　　　　　　　　　　）

（　　　　　　　　　　　　　　　　　　　　　　　　　　　　　　　　）

② ThomasbacktheuteeinenKuchen.

（　　　　　　　　　　　　　　　　　　　　　　　　　　　　　　　　）

（　　　　　　　　　　　　　　　　　　　　　　　　　　　　　　　　）

③ IchfindedenRegenschirmschön.

（　　　　　　　　　　　　　　　　　　　　　　　　　　　　　　　　）

（　　　　　　　　　　　　　　　　　　　　　　　　　　　　　　　　）

④ ErisstnichtgernBrot. ErisstlieberTorte.

（　　　　　　　　　　　　　　　　　　　　　　　　　　　　　　　　）

（　　　　　　　　　　　　　　　　　　　　　　　　　　　　　　　　）

2. （4 格と結びつく動詞）指示に従って書きましょう。冠詞に注意すること。

① Was hat Herr Müller?　（一つのカバンを，で答える）

（　　　　　　　　　　　　　　　　　　　　　　　　　　　　　　　　）

② Was findet Frau Müller im Supermarkt?　（一本の鉛筆を，で答える）

im Supermarkt: スーパーで

（　　　　　　　　　　　　　　　　　　　　　　　　　　　　　　　　）

③ Was isst du?　（一つのケーキを，で答える）

（　　　　　　　　　　　　　　　　　　　　　　　　　　　　　　　　）

④ Was isst die Studentin? （一つのパンを，で答える）

( )

3. （否定冠詞）今，自分のカバンの中にあるものについて答えましょう。

① Hast du einen Computer?　　　( )

② Hast du ein Brot?　　　( )

③ Hast du ein Buch?　　　( )

④ Hast du eine Zeitung?　　　( )

⑤ Hast du einen Kuchen?　　　( )

4. （否定冠詞）括弧内の語句を使って文章を作りましょう。動詞，冠詞は適切に変化させること。

① これは新聞ですか？ (das, sein, eine Zeitung)

いいえ，これは新聞ではありません。(nein, keine Zeitung, das, sein) これは雑誌です。

(sein, das, eine Zeitschrift)

( )
( )

② 彼は鉛筆を持っていないんですか？ (haben, kein Bleistift)

そんなことないです，彼は鉛筆を一本持っています。(doch, haben)

( )
( )

③ 君はその先生を訪ねますか？ (du, besuchen, der Lehrer)

いいえ，私はその先生を訪ねません。(nein, besuchen)

( )
( )

④ 彼はそのカバンを見つけますか？ (finden, er, die Tasche)

いいえ，彼はそのカバンを見つけません。(nein, finden)

( )
( )

5. （3格と結びつく動詞）適切に区切って書き，訳しましょう。

① DerKugelschreibergefälltdemKind.

( )
( )

② GehörtdasBuchdemVater? Ja, esgehörtdemVater.

( )

( )

③ WasgefälltderLehrerin? DasBuchgefälltderLehrerin.

( )

( )

6. （3格と結びつく動詞）括弧内の語を使って答えましょう。（wem 誰に）

例：Wem gefällt die Tasche? (der Onkel) → Er gefällt dem Onkel.

① Wem gefällt der Kuli? (der Bruder)

( )

② Wem gehört die Tasche? (das Kind)

( )

③ Wem hilfst du? (der Lehrer)

( )

④ Wem danken Sie? (die Ärztin)

( )

7. （3，4格と結びつく動詞）定冠詞を適切な形にして入れ，訳しなさい。

① Ich bringe ( ) Lehrer ( ) Heft.

( )

② Wir schenken ( ) Mutter ( ) Kugelschreiber.

( )

③ Du zeigst ( ) Studentin ( ) Foto.

( )

④ Er gibt ( ) Japaner ( ) Torte.

( )

⑤ Sie schickt ( ) Freundin ( ) Brief.

( )

第4課

語彙

1. 例のように括弧を埋めましょう。

（例）Bruder（意味　兄，弟　）（5 人の… fünf Brüder）

Gast　　　（意味　　　　　　）（6 人の…　　　　　　　　　　　　　　　　）

Junge　　（意味　　　　　　）（18 人の…　　　　　　　　　　　　　　　　）

Mädchen　（意味　　　　　　）（12 人の…　　　　　　　　　　　　　　　　）

Mann　　　（意味　　　　　　）（13 人の…　　　　　　　　　　　　　　　　）

Onkel　　（意味　　　　　　）（7 人の…　　　　　　　　　　　　　　　　）

Sohn　　　（意味　　　　　　）（9 人の…　　　　　　　　　　　　　　　　）

Tochter　（意味　　　　　　）（10 人の…　　　　　　　　　　　　　　　　）

2. （いろいろな動詞）次の動詞の意味を確認しましょう。

brauchen（　　　　　　　）waschen（　　　　　　　　　）legen（　　　　　　　　）

öffnen（　　　　　　　）stellen（　　　　　　　　　）tun（　　　　　　　）

文法

1. （2格の用法）文章を適切に区切り，訳しましょう。

① DasistdasZimmerdesVaters.

（　　　　　　　　　　　　　　　　　　　　　　　　　　　　　　　　　　　　　　）

（　　　　　　　　　　　　　　　　　　　　　　　　　　　　　　　　　　　　　　）

② DerTischderMutteristalt.

（　　　　　　　　　　　　　　　　　　　　　　　　　　　　　　　　　　　　　　）

（　　　　　　　　　　　　　　　　　　　　　　　　　　　　　　　　　　　　　　）

③ IchbesucheoftdieWohnungderSchwester.

（　　　　　　　　　　　　　　　　　　　　　　　　　　　　　　　　　　　　　　）

（　　　　　　　　　　　　　　　　　　　　　　　　　　　　　　　　　　　　　　）

2. （複数形）括弧内の語句を用いて文章を作りましょう。1) まず下線部をドイツ語にしてから，2) 全文を独作すること。動詞や冠詞，数詞は適切に加えたり変化させること。

① <u>三人の息子たち</u>がサッカーをする。(Fußball spielen, Sohn)

1) （　　　　　　　　　　　　　　　　）

2) （　　　　　　　　　　　　　　　　　　　　　　　　　　　　　　　　　　）

② 私には二人の弟がいます。(ich, haben, Bruder)

1) (　　　　　　　　　　　　　　　　)

2) (　　　　　　　　　　　　　　　　　　　　　　　　　　　　　　)

④ 11 人の男たちが音楽を聴いている。(Musik hören, Mann)

1) (　　　　　　　　　　　　　　　　)

2) (　　　　　　　　　　　　　　　　　　　　　　　　　　　　　　)

⑤ その父親は子どもたちに感謝する。(der Vater, danken, das Kind)

1) (　　　　　　　　　　　　　　　　)

2) (　　　　　　　　　　　　　　　　　　　　　　　　　　　　　　)

⑥ その母親は娘たちに 9 冊の本を贈る。(die Mutter, die Tochter, Buch, schenken)

1) (　　　　　　　　) (　　　　　　　　　　　　)

2) (　　　　　　　　　　　　　　　　　　　　　　　　　　　　　　)

3. （人称代名詞）右の人称代名詞を適切に変化させて括弧に入れ，訳しましょう。

① Die Nachbarin zeigt (　　　　　) die Küche. (ich)

(　　　　　　　　　　　　　　　　　　　　　　　　　　　　)

② Der Mann schenkt (　　　　　) einen Fernseher. (er)

(　　　　　　　　　　　　　　　　　　　　　　　　　　　　　)

③ Der Großvater gibt der Mutter ein Sofa. Es gefällt (　　　　). (sie)

(　　　　　　　　　　　　　　　　　　　　　　　　　　　　)

④ Kennst du den Mann? -Nein, ich kenne (　　　　　)nicht. (er)

(　　　　　　　　　　　　　　　　　　　　　　　　　　　　)

⑤ Wer ist das? Das ist die Tochter der Tante. Ich sehe (　　　　) nicht oft. (sie)

(　　　　　　　　　　　　　　　　　　　　　　　　　　　　)

⑥ Wie findest du den Schrank? -Ich finde (　　　　) schön. (er)

(　　　　　　　　　　　　　　　　　　　　　　　　　　　　)

4. ドイツ語にしましょう。

① その少女 (s Mädchen) の家 (s Haus) は大きい。

(　　　　　　　　　　　　　　　　　　　　　　　　　　　　)

② 私は君にひとつの椅子 (r Stuhl) をあげる (geben)。

(　　　　　　　　　　　　　　　　　　　　　　　　　　　　)

③ 彼はその日本人 (r Japaner) を知らない。彼は私に尋ねます。

(　　　　　　　　　　　　　　　　　　　　　　　　　　　　)

語彙

1. （Natur, Umwelt）絵にあう語彙を下から選びましょう。

a)

b)

c)

d)

e)

f)

g)

h)

i)

| der Wald | der Baum | der Wind | die Pflanze | die Erde | der Himmel |
| die Insel | der Berg | das Dorf |

2. 反対語を下から選んで入れましょう。

heiß (　　　　)　　　dick (　　　　)　　　gesund (　　　　)　　　sonnig (　　　　)

schwach (　　　　)

| bewölkt | kalt | krank | schlank | stark |

3. 以下の語句をドイツ語にしましょう。

彼に（3格）(　　　)　　彼を（4格）(　　　)　　私に（3格）(　　　)　　私たちを（4格）(　　　　)

君たちに（3格）(　　　)　　彼らを（4格）(　　　)　　君に（3格）(　　　)

my (　　　)　　his (　　　)　　our (　　　)　　their (　　　)　　your (　　　)

1. （所有冠詞）語尾を赤で書き込みましょう。

	男	女	中	複数
1	dein	dein	dein	dein
2	dein	dein	dein	dein
3	dein	dein	dein	dein
4	dein	dein	dein	dein

	男	女	中	複数
1	ihr	ihr	ihr	ihr
2	ihr	ihr	ihr	ihr
3	ihr	ihr	ihr	ihr
4	ihr	ihr	ihr	ihr

2. 次の表現をドイツ語にしましょう。

私の鼻は（1格）（　　　　　　　　　）　　　私の鼻に（3格）（　　　　　　　　　）

彼女の口は（1格）（　　　　　　　）　　　彼女の口を（4格）（　　　　　　　　）

彼の顔は（1格）（　　　　　　　　）　　　彼の顔の（2格）（　　　　　　　　）

3. （所有冠詞）括弧内を適切に変化させて入れ，訳しましょう。

① Wer ist das? Das ist (　　　　　) Großmutter. (mein)

　（　　　　　　　　　　　　　　　　　　　　　　　　　　　　　　）

② Wer ist das? Das ist der Freund (　　　　　) Schwester. (sein)

　（　　　　　　　　　　　　　　　　　　　　　　　　　　　　　　）

③ Das ist die Tasche (　　　　　) Kindes. (mein)

　（　　　　　　　　　　　　　　　　　　　　　　　　　　　　　　）

④ Das Haus gehört (　　　　　) Bruder. (ihr)

　（　　　　　　　　　　　　　　　　　　　　　　　　　　　　　　）

⑤ Was machst du morgen? Ich besuche (　　　　　) Onkel. Er ist krank. (mein)

　（　　　　　　　　　　　　　　　　　　　　　　　　　　　　　　）

⑥ Kennst du (　　　　　) Vater? -Nein, ich kenne ihn nicht. (mein)

　（　　　　　　　　　　　　　　　　　　　　　　　　　　　　　　）

4.（定冠詞類）括弧内に dieser を適切な形にして入れ，訳しなさい。

① Wie findest du (　　　　) Berg? -Ich finde ihn schön.

(　　　　　　　　　　　　　　　　　　　　　　　　　　　　　　　　　)

② Wir besuchen morgen (　　　　) Dorf.

(　　　　　　　　　　　　　　　　　　　　　　　　　　　　　　　　　)

③ (　　　　) Katze ist nicht gesund. Ich habe Angst.

(　　　　　　　　　　　　　　　　　　　　　　　　　　　　　　　　　)

④ Wie heißt (　　　　) Pflanze?

(　　　　　　　　　　　　　　　　　　　　　　　　　　　　　　　　　)

5.（命令形）次の文章を括弧内に対する命令形に書きかえましょう。

① Ich besuche die Insel. (Sie)

(　　　　　　　　　　　　　　　　　　　　　　　　　　　　　　　　　)

② Ich sehe den Baum. (du)

(　　　　　　　　　　　　　　　　　　　　　　　　　　　　　　　　　)

③ Ich gebe seiner Tochter den Kuchen. (du)

(　　　　　　　　　　　　　　　　　　　　　　　　　　　　　　　　　)

④ Ich lese die Zeitung. (ihr)

(　　　　　　　　　　　　　　　　　　　　　　　　　　　　　　　　　)

⑤ Ich bin vorsichtig. (du)

(　　　　　　　　　　　　　　　　　　　　　　　　　　　　　　　　　)

第6課

語彙

1. 関係の深い語句をつなぎましょう。

1）Bank	Kaffee trinken
2）Post	schlafen
3）Krankenhaus	spazieren gehen
4）Firma	Filme sehen
5）Markt	Geld
6）Kino	zum Arzt gehen
7）Park	arbeiten
8）Café	Obst und Gemüse kaufen
9）Hotel	Brief

2. 反対語を書きましょう。

Norden (　　　　)　　　Osten (　　　　)　　　fern (　　　　)　　　billig (　　　　)

links (　　　　)

文法 （前置詞）

1. 適切に区切り，訳しましょう。

① ZweiMännerkommenausdemHausmeinesVaters.

(　　　　　　　　　　　　　　　　　　　　　　　　　　　　　　　　　　　　　)

(　　　　　　　　　　　　　　　　　　　　　　　　　　　　　　　　　　　　　)

② DieKindersuchendenWegnachHause.

(　　　　　　　　　　　　　　　　　　　　　　　　　　　　　　　　　　　　　)

(　　　　　　　　　　　　　　　　　　　　　　　　　　　　　　　　　　　　　)

③ VordemRathausstehteinKindmiteinerKatze.

(　　　　　　　　　　　　　　　　　　　　　　　　　　　　　　　　　　　　　)

(　　　　　　　　　　　　　　　　　　　　　　　　　　　　　　　　　　　　　)

2. 括弧内の語を適切な格に書き変えなさい。意味も考えましょう。

① Er reist oft mit (ich). (　　　　　　　　　　)

(　　　　　　　　　　　　　　　　　　　　　　　　　　　　　　　　　　　　　)

③ Seine Schwester wohnt bei (meine Tante). (　　　　　　　　　　)

(　　　　　　　　　　　　　　　　　　　　　　　　　　　　　　　　　　　　　)

④ Wir gehen ohne (du). (　　　　　　　　　　)

(　　　　　　　　　　　　　　　　　　　　　　　　　　　　　　　　　　　　　)

⑤ Ich danke dir für (der Kuchen). (　　　　　　　　　　)

(　　　　　　　　　　　　　　　　　　　　　　　　　　　　　　　　　　　　　)

⑥ Das Zimmer kostet 90 Euro für (eine Nacht). Ich bezahle mit (meine Kreditkarte クレジットカード).

(　　　　　　　　　) (　　　　　　　　　)

(　　　　　　　　　　　　　　　　　　　　　　　　　　　　　　　　　　　　　)

⑦ Meine Mutter geht durch (der Park). (　　　　　　　　　　)

(　　　　　　　　　　　　　　　　　　　　　　　　　　　　　　　　　　　　　)

16

3. 例にならって，質問に括弧内の内容で答えてください。

例：Wo ist das Buch? (テレビの前にある)

(Es ist vor dem Fernseher.)

① Wo ist dein Hund? (門の前にいる)

( )

② Wohin geht dein Hund? (門の前に行く)

( )

③ Wo ist seine Katze? (その建物の後ろにいる)

( )

④ Wohin geht seine Katze? (その建物の後ろにいく)

( )

⑤ Wo ist die Uhr? (机の上にある)

( )

⑥ Wohin stellt er die Uhr? (彼はそれを机の上に置く)

( )

⑦ Was machst du jetzt? (スーパーに行きリンゴ1キロ ein Kilo Äpfel を買う)

( )

4. 次のページの枠の中から適切な語を選んで入れ，訳しましょう。

① Morgen fahre ich ( ) meinen Kindern an den See.

( )

② Was kostet das Ticket ( ) zwei Personen (二人用チケット) ( ) Stuttgart nach Berlin? -Es kostet 200 Euro.

( )

③ Wo ist das Schloss? -Es ist weit (ずっと) von hier entfernt (離れている).
Fahren Sie ( ) Richtung Norden!

( )

( )

④ Trinkst du Kaffee mit Milch? -Nein, ( ) Milch.

( )

⑤ Sein Büro liegt ( ) Fluss

( )

⑥ Wo sind Ihre Kinder? -Sie sind vor ( ) Information.

( )

⑦ Wo ist Anna? -Sie ist nicht hier. Sie ist auf dem Weg (　　　　) Schule.

(　　　　　　　　　　　　　　　　　　　　　　　　　　　　　　　　　　)

| zur | von | auf | für | der | in | ohne | dem | mit | am |

第7課

語彙

1. 表の下段にドイツ語を書きましょう。

月曜日	火曜日	水曜日	木曜日	金曜日	土曜日	日曜日

2. 次の単語の意味を確認しましょう。

Hafen (　　　　)　　　Flugzeug (　　　　　)　　　Schiff (　　　　)

schnell (　　　　)　　　langsam (　　　　　)　　　Haltestelle (　　　　　)

3. 単語と意味を適切に結びましょう。

verstehen　　　　versuchen　　　　vergessen　　　　versprechen

～を忘れる　　　～を理解する　　　～に～を約束する　　　～を試みる

文法

1. （時間を聞く）下線部に適切な時刻表現を入れましょう。

① Wie spät ist es jetzt?　　　Es ist ＿＿neun Uhr fünf.＿＿ （公的）

Es ist ＿＿＿＿＿＿＿＿＿＿＿ （日常）

② Wie spät ist es jetzt?　　　Es ist ＿＿＿＿＿＿＿＿＿＿＿. （公的）

Es ist ＿＿zehn vor acht＿＿. （日常）

③ Wann kommt der Zug an?　　Er kommt um ＿＿zwölf Uhr dreißig＿＿ an. （公的）

Er kommt um ＿＿＿＿＿＿＿＿＿＿ an. （日常）

④ Wann fährt der Bus ab?　　Er fährt um ＿＿＿＿＿＿＿＿ ab.（公的）

　　　　　　　　　　　　　Er fährt um ＿zehn nach sechs＿ ab.（日常）

⑤ Wie spät ist es jetzt?　　Es ist ＿＿＿＿＿＿＿＿ （公的）

　　　　　　　　　　　　　Es ist ＿Viertel vor fünf.＿（日常）

2. （曜日，分離動詞）メモをもとに一週間の出来事を書きましょう。

〈ベルリン研修旅行 Study tour in Berlin〉

月	火	水	木	金
ankommen	Mauermuseum（壁博物館） und Gedenkstätte Deutscher Widerstand （抵抗運動記念館） besuchen	an einem Workshop teilnehmen	die Mutter anrufen	um neun Uhr abfahren

-Am Montag komme ich in Berlin an.

-Am Dienstag besuche ich

-Am Mittwoch

-Am

3. （分離，非分離動詞）次の動詞を使って，ドイツ語の文を完成させましょう。

① (erzählen)

あなたの家族について (über Ihre Familie) 話してください。

＿＿＿＿＿＿＿＿＿＿＿＿＿＿＿＿＿

② (fernsehen)

私の子どもは1日2時間 (zwei Stunden pro Tag) テレビを見ます。

Mein Kind ＿＿＿＿＿＿＿＿＿＿

③ (vergessen)

私は君を忘れません。

Ich ＿＿＿＿＿＿＿＿＿＿＿

④ (kennenlernen)

彼は私の母と知り合いになります。

Er ＿＿＿＿＿＿＿＿＿＿＿

4. （時間，分離動詞）疑問文を訳した上で，右の絵の時間を使って答えましょう。

① Wann steht Michaela am Mittwoch auf?

（訳 　　　　　　　　　　　　　　　　　　　 ）

答 _____

② Wann steigt sie in den Bus ein?

（訳 　　　　　　　　　　　　　　　　　　　 ）

答 _____

③ Wann fährt der nächste Bus ab?

（訳 　　　　　　　　　　　　　　　　　　　 ）

答 _____

④ Wann kommt ihr in Berlin an?

（訳 　　　　　　　　　　　　　　　　　　　 ）

答 _____

第8課

語彙

1. 月 Monat を示す単語：括弧内に文字を入れましょう。

Janu( )( ) Febru( )( ) M( )rz A( )ril ( )ai Ju( )i Ju( )i ( )ugust
Septe( )ber Okto( )( )r No( )( )mber De( )( )mber

2. 意味を書きましょう。

schwierig (　　　　) 　 wichtig (　　　　) 　 wirklich (　　　) 　 wenig (　　　　)
bald (　　　) 　 später (　　　　) 　 sicher (　　　　)

文法

1. 斜体で書かれた助動詞を適切な形にして括弧に入れ，文章を訳しましょう。

① Die Dame (　　　　　) wahrscheinlich Französisch sprechen. *können*

_____

② Natürlich (　　　　　　　　) wir alle（みんな）glücklich（幸せ）sein. *möchte*

___

③ Im Juli(　　　　) ich für die Prüfung（試験）fleißig lernen. *müssen*

___

④ Die Ferien（休暇）beginnen gleich nach der Prüfung. Wir (　　　　　　) sofort etwas planen. *müssen*

___

⑤ Diese Aufgabe（課題）ist nicht einfach. Ich (　　　　) sie leider nicht verstehen. *können*

___

⑥ (　　　) ich später wieder kommen? *dürfen*

___

⑦ Was (　　　　　) du in Zukunft werden（〜になる）? *möchte*

___

⑧ Anfang April (　　　　) ich meinen Onkel besuchen. *müssen*

___

⑨ (　　　) ich das Fenster öffnen? *sollen*

___

⑩ Ich (　　　　　) einen Kaffee bestellen. *möchte*

___

2. 括弧内の助動詞を使って問題文を書き換え，訳しましょう。

① Schließen Sie die Tür?　(können)

___

② Alle verstehen dieses Ziel.　(müssen)

___

③ Meine Mutter ist jetzt im Büro.　(müssen)

___

④ Ich gehe morgen um halb zwölf aus.　(möchte)

_____

_____

⑤ Die Kinder sehen heute nicht fern.　(dürfen)

_____

_____

⑥ Wann fährst du morgen ab?　(müssen)

_____

_____

⑦ Der Mann hat kein Geld.　(sollen)

_____

_____

3. 括弧内の語を使って次の文章をドイツ語にしましょう。

① 私たちはもうすぐ出発せねばならない。　(bald, abfahren)

_____

② 彼は病気に違いない。　(krank)

_____

③ 将来私は先生になりたい。　(in Zukunft, Lehrer, werden)

_____

第9課

語彙

1. Sabine は一週間の予定を説明しています。下線部の単語の意味を確認しましょう。

Am Montag lerne ich <u>Mathematik</u> und <u>Biologie</u>.　(　　　　)（　　　　）

Am Dienstag möchte ich in die <u>Bibliothek</u> gehen, um Bücher zu lesen.（　　　　　　）

Am Mittwoch muss ich <u>Physik</u> lernen, weil ich <u>Prüfung</u> habe.　(　　　　) (　　　　)

Am Donnerstag habe ich keine <u>Zeit</u> zu lernen, weil ich mit meinem Bruder ins Theater gehe.　(　　　　　　)

Am Freitag habe ich keinen <u>Unterricht</u>. Ich lerne zu Hause mit meiner Freundin Russisch.
(　　　　　　　　)

・ザビーネさんが勉強しないのは何曜日ですか？

_____

2. 次の意味となる単語を下から選んで書きましょう。

答え（　　　　　　）　　報告（　　　　　　　）　　小学校（　　　　　　）

学生食堂（　　　　　　）　幼稚園（　　　　　　　）　学問（　　　　　　　）

外国語（　　　　　　）　　語（　　　　　　）

Mensa　Grundschule　Kindergarten　Wissenschaft　Bericht　Wort
Antwort　Fremdsprache

文法

1. 括弧内の指示に従って書き換え，訳しましょう。

① Ich interessiere mich für Fremdsprachen.（主語を er に）

_____

_____

② Mein Kind freut sich sehr auf die Ferien.（主語を wir に）

_____

_____

③ Ich setze mich.（「あなた」を主語にして命令形に）

_____

_____

2. 適切な再帰表現を選び，動詞や再帰代名詞を変化させ，文章を完成させましょう。

sich auf 4格 freuen, sich für 4格 interessieren, sich über 4格 freuen, sich an 4格 erinnern

① あなたは文学に興味がありますか？

_____

② 彼女はアビトゥーアのことをよく (oft) 思い出す。

_____

③ 私は（大学での）勉強が楽しみです。

_____

3. 二つの文章を括弧内の接続詞でつなげて一文にし，訳しましょう。

① Ich verspreche dir. Ich komme nächste Woche wieder. (dass)

_____

_____

② Er studiert Medizin. Er will nicht Arzt werden. (obwohl)

_____

_____

③ Ich muss morgen früh aufstehen. Ich fahre um acht Uhr nach Berlin ab. (weil)

_____

_____

④ Er sagt mir. Diese Antwort ist falsch. (dass)

_____

_____

⑤ Morgen können wir einen Ausflug machen. Es schneit nicht. (wenn)

_____

_____

⑥ Wir müssen heute wahrscheinlich zu Hause bleiben. Es regnet und blitzt. (weil)

_____

_____

⑦ Ich denke. Es ist sehr wichtig, in der Grundschule eine Fremdsprache zu lernen. (dass)

_____

_____

4. 次の文を訳しましょう。

① Wenn man ins Wasser kommt, lernt man schwimmen. (Goethe)

_____

② Wenn zwei sich streiten, freut sich der Dritte. streiten sich 争う der Dritte 三人目

_____

③ Wenn die Gerechtigkeit untergeht, so hat es keinen Wert mehr, dass Menschen auf Erden leben. (Kant) Gerechtigkeit 正義 untergehen 没落する Wert 価値

_____

5. 括弧内の語句を適切に並べ替えて zu 不定詞句を作り，訳しましょう。

① Hast du Lust, (gehen, in die Bibliothek, zu)?

Hast du Lust, _____

_____

② Es ist schwer, (lösen, zu, diese Frage).

_____

_____

③ Hast du Zeit, (schreiben, einen Bericht, zu)?

_____

_____

④ Es ist sehr wichtig, (lernen, zu, aus Fehlern).

_____

_____

⑤ Mein Bruder fährt nach Deutschland, (um, studieren, zu, Technik).

_____

_____

⑥ Ich kaufe heute zehn Äpfel und drei Eier, (einen Apfelkuchen, um, backen, zu).

_____

_____

語彙

1. 日本語にあうドイツ語の単語を下から選んで書きましょう。

結果（　　　　　　）経験（　　　　　　）歴史（　　　　　　）平和（　　　　　　）

戦争（　　　　　　）〜を感じる（　　　　　　）〜を連れていく（　　　　　　）

| Geschichte | Frieden | Erfahrung | Ergebnis | Krieg | führen | fühlen |

2. 時に関係する様々な副詞です。意味を確認し，書きましょう。

heute（　　　　　　）gestern（　　　　　　）morgen（　　　　　　）bald（　　　　　　）

damals（　　　　　　）früher（　　　　　　）gerade（　　　　　　）jetzt（　　　　　　）

文法

1. 動詞 3 基本形の表の空欄を埋めましょう。

不定詞	過去基本形	過去分詞
		gemacht
		geredet
		gehabt
		gekommen
		gefahren
		geschrieben
		gegessen

2. 動詞 3 基本形の表の空欄を埋めましょう。

不定詞	過去基本形	過去分詞
ankommen		
aufstehen		
beginnen		
bekommen		
studieren		

3. 斜体で書かれた語を過去分詞にして現在完了形の文を作り，訳しましょう。

① Er (　　　　　　　) in seinem Zimmer drei Stunden (　　　　　　　).　　*bleiben*

_____

② Sie（彼女）(　　　　　　　) gestern sehr früh (　　　　　).　　*aufstehen*

_____

③ Ich (　　　　　　　) eben meinem Vater einen Brief (　　　　　).　　*schreiben*

_____

④ Wir (　　　　　　) den Weg aus dem Wald nach Hause nicht (　　　　　).　　*finden*

_____

⑤ Was (　　　　　　) Sie am letzten Sonntag (　　　　　)?　　*machen*

　　Ich (　　　　　) nach Berlin (　　　　　).　　*fahren*

_____

_____

⑥ Vor einer Woche (　　　　　　) ich diese Aufgabe (　　　　　).　　*bekommen*

_____

⑦ 2000 (　　　　　) ich (　　　　　　), an der Schule als Lehrer zu arbeiten.

　　　　　　　　　　　　　　　　　　　　　　　　　　　　anfangen

_____

4. 次の文章を現在完了形に書き換えましょう。

① Was machst du am Wochenende?

_____

② Ich besuche zusammen mit meinem Vater das Denkmal für die ermordeten Juden Europas.（虐殺されたヨーロッパのユダヤ人のための記念碑）

_____

③ Dann gehen wir ins Mauermuseum（壁博物館）.

_____

④ Danach kaufe ich ein Buch über die Geschichte.

_____

⑤ Nach dem Abendessen lese ich das Buch.

_____

⑥ Was macht der Vater am Abend?

_____

⑦ Mein Vater geht früh ins Bett.

_____

⑧ Wie lange schläft er?

_____

5. （過去形の変化）単語の過去基本形を書き，表を完成させましょう。

（過去基本形）	lernen (lernte)	machen ( )	sein ( )	gehen ( )	kommen ( )
ich	lernte_				
du	lerntest				
er/sie/es	lernte_				
wir	lernten				
ihr	lerntet				
Sie, sie	lernten				

6. 上の 4. の文章を過去形に書き換えましょう。

① Ich besuche zusammen mit meinem Vater das Denkmal für die ermordeten Juden Europas.

_____

③ Dann gehen wir ins Mauermuseum.

_____

④ Danach kaufe ich ein Buch über die Geschichte.

_____

⑤ Nach dem Abendessen lese ich das Buch.

_____

⑥ Mein Vater geht früh ins Bett.

_____

7. 右の語を使って過去形の文を作り，訳しなさい。

① Im Jahr 1871 (　　　　　　　) das Deutsche Reich（ドイツ帝国）.　　*entstehen*

_____

② Wo (　　　　　　) ihr gestern? Wir (　　　　　　) gestern noch in Köln.　　*sein*

_____

③ Damals (　　　　　　) wir kein Geld.　　*haben*

_____

④ Neben dem Studium (　　　　　　) er schon Romane zu schreiben.　　*beginnen*

_____

⑤ Am Brandenburger Tor (　　　　　　) Menschen auf die Berliner Mauer.

（Brandenburger Tor ブランデンブルク門）　　*steigen*

_____

⑥ Wann (　　　　　) die DDR Zeit (　　　　　　)? (die DDR Zeit 東ドイツ時代)

anfangen

_____

⑦ Was (　　　　　) im Jahr 1961?　　*passieren*

_____

⑧ Wie lange (　　　　　) die DDR Zeit?　　*dauern*

_____

⑨ November 1989 (　　　　　　) die Berliner Mauer.　　*fallen*

_____

⑩ Die Wiedervereinigung（再統一）Deutschlands (　　　　　　) unter Kanzler Helmut

Kohl（ヘルムート・コール首相）(　　　　　　).　　*stattfinden*

_____

語彙

1. 対義語を下から選びましょう。

reich （　　　　） gut （　　　　　） schwierig（　　　　　）

früh （　　　　） kurz （　　　　） alt （　　　　　） klein （　　　　　）

richtig （　　　　） viel （　　　　） warm （　　　　）

schlecht, falsch, wenig, neu, spät, glücklich, kalt, lang, einfach, groß, arm, wichtig

2. 文にあう季節を線で結びましょう。

Wir feiern Ostern.　Frohe Weihnachten!　Das Oktoberfest findet in München statt.　Im Urlaub fahre ich ans Meer.

Winter　　　　Frühling　　　　　Herbst　　　　　Sommer

文法

1. （形容詞＋名詞，定冠詞＋形容詞＋名詞）形容詞表現の練習をしましょう。

① 青いスカートは（1格）　　青いスカートに（3格）

（ blauer Rock ）　　（　　　　　　　　　　　　　）　　der Rock

② 白いソーセージは（1格）　白いソーセージに（3格）

（ weiße Wurst ）　　（　　　　　　　　　　　　　）　　die Wurst

③ その赤いワインは（1格）　その赤いワインを（4格）

（ der rote Wein ）　　（　　　　　　　　　　　　　）　　der Wein

④ その緑の家は (1格)　　　その緑の家の(2格)

（ das grüne Haus ）　（　　　　　　　　　　　　　）　　das Haus

⑤ その黒い犬は (1格)　　　その黒い犬を(4格)

（ der schwarze Hund ）　（　　　　　　　　　　　）　　der Hund

2. （不定冠詞＋形容詞＋名詞）例にならって書き換えましょう。

（例）*Das ist ein Apfel. (rot) → Das ist ein roter Apfel.*

① Das ist ein Ei. (frisch) → _____

② Ich esse ein Brot. (klein) → _____

③ Das Kind trägt eine Hose. (kurz) → _____

④ Er hat einen Wagen. (alt) → _____

⑤ Ich helfe einem Mann. (alt) → _____

3. 下線部のドイツ語は数字に，数字はドイツ語にしてください。

① Heute ist der dritte August. → Heute ist der _____ August.

② Heute ist der sechzehnte Juni. → Heute ist der _____ Juni.

③ Heute ist der 1. November. → Heute ist der _____ November.

④ Heute ist der 31. März. → Heute ist der _____ März.

4. 次の数字を序数にしなさい。

5 (　　　　　) 　14 (　　　　　　) 　7 (　　　　) 　12 (　　　　　　)

・例にならい答えましょう。

（例）*Wann hast du Geburtstag?*（7月5日）→ *Ich habe <u>am fünften</u> Juli Geburtstag.*

① Wann hat deine Mutter Geburtstag?（1月14日）→_____

② Wann hat dein Sohn Geburtstag?　（9月7日）→_____

③ Wann haben Sie Geburtstag?　　（5月12日）→_____

5. 括弧内を適切に（比較級またはam＋最上級に）換えて訳しましょう。

① Ist es in Deutschland (kalt) _____ als in Japan?

_____

② Der Winter gefällt mir (gut) _____ als der Sommer.

_____

③ Von allen Jahreszeiten（季節）gefällt mir der Frühling (gut) _____

_____

④ Im Winter ist es bei uns schöner als im Sommer, aber im Frühling ist es noch (schön)

_____

6. 形容詞を選んで比較級にし，適切な語尾を付けて入れましょう。また，訳しましょう。

        schwierig   groß   frisch

① Mein Zimmer ist so klein. Ich möchte ein _____ Zimmer.

_____

② Diese Wurst ist zu alt. Haben Sie eine _____ Wurst?

_____

③ Diese Frage ist sehr einfach. Ich kann auch die _____ Frage lösen.

_____

7. 括弧内に動詞を過去形に，下線部に形容詞を適切な形にして入れ，全体を訳しましょう。

-〈Bremer Stadtmusikanten ブレーメンの音楽隊〉

Auf dem Weg nach Bremen (   ) der Esel（ロバ）einen _____ Hund. *finden, alt*

(   )

Der Esel und der Hund (   ) sich unter einen _____ Baum.   *legen, groß*

(   )

Sie（彼ら）(   ) vor einem _____ Räuberhaus（泥棒の家）.   *stehen, klein*

(   )

Der _____ Esel (   ) sich mit den Vorderfüßen（前足）auf das Fenster.   *alt, stellen*

(   )

-〈Schneewittchen 白雪姫〉

Die Königin（女王様）(   ) eine Tochter. Sie (   ) so weiß wie Schnee, so rot wie Blutund so schwarz wie Ebenholz（黒檀）. *bekommen, sein*

(   )

Wer ist _____ im ganzen Land?   *schön* の最上級

(   )

Schneewittchen ist tausendmal（千倍も）_____ als Sie.   *schön* の比較級

(   )

Nun war das Kind in dem _____ Wald allein.   *groß*

(   )

Schneewittchen (   ) bei den sieben Zwergen（こびと）.   *bleiben*

(   )

語彙

1. 次の語と同じ（または近い）意味になる表現を下から選んで線で結びましょう。

BRD   Partei   Ausland   Bundestag   Gesetz

fremdes Land   Deutschland   feste Regel   politische Gruppe   Parlament der BRD

2. それぞれ誰の自己紹介でしょうか。線で結んでください。

Ich regiere die Stadt.   König

Ich bin der Vater der Prinzessin.   Politikerin

Ich arbeite im Bundestag.   Bürgermeister

文法

1. 二つの文を適切な関係代名詞でつなげ，訳しましょう。下線部を先行詞とすること。

① Was ist das Gesetz?

Das Gesetz ist in unserer Gesellschaft unentbehrlich（なくてはならない）.

_____

(   )

② Ich kenne eine Studentin.

Die Studentin möchte Politikerin werden.

_____

(   )

③ Mein Bruder lernt jetzt Französisch und Deutsch.

Er interessiert sich für die europäische Kultur.

_____

(   )

2. 次の文章を訳しなさい。また，例にならって二文に書き換えましょう。

例：Berlin ist die Stadt, die ich liebe.

Berlin ist die Stadt.   Ich liebe die Stadt.

① Er hat einen Bruder, der im Ausland arbeitet.

（訳　　　　　　　　　　　　　　　　　　　　　　　　　　　　　　　　　）

_____

② Morgen treffe ich meine Tante, die ich lange nicht gesehen habe.

（訳　　　　　　　　　　　　　　　　　　　　　　　　　　　　　　　　　）

_____

③ Ich suche ein Auto, in dem ich schlafen kann.

（訳　　　　　　　　　　　　　　　　　　　　　　　　　　　　　　　　　）

_____

3. 適切な関係代名詞や関係副詞を入れ，訳しましょう。

① Das Haus, (　　　　　　　) er gekauft hat, liegt auf dem Land.

_____

② Sie hat eine Tante, (　　　　　　　) sehr gern ins Ausland reist.

_____

③ Bald kommt das Mädchen, (　　　　　　　) ich gestern geholfen habe.

_____

④ Die Demokratie ist ein politisches System (s システム), in (　　　　　　) die Macht
vom Volk ausgeht.

_____

⑤ Auf der Liste, (　　　　　　) ich gefunden habe, stehen die Namen aller Parteien im
Deutschen Bundestag.

_____

⑥ Der neue Bürgermeister, (　　　　　　) Vater ein bekannter Schauspieler ist, hat großes
Interesse (関心) für die Kulturpolitik.

_____

⑦ Nur Parteien, (　　　　　　) bei der Wahl mindestens (少なくとも) fünf Prozent aller
Stimmen (票) bekommen haben, dürfen in den Bundestag einziehen (入る).

_____

⑧ Wir leben in einer Gesellschaft, (　　　　　　) jeder das Recht auf Meinungsfreiheit (言
論の自由) hat. Jeder kann sagen und schreiben, (　　　　　　) er denkt.

_____

4. 不定関係代名詞に線を引き，訳しましょう。

① Was Hänschen nicht lernt, lernt Hans nimmermehr（決して〜しない）.

_____

② Wer sich zum Wurm macht, soll nicht klagen, wenn er getreten wird. (Kant)

Wurm 虫　getreten werden 踏まれる

_____

5. 定関係代名詞に線を引き，訳しましょう。

Es ist so bequem, unmündig zu sein. Habe ich ein Buch, das für mich Verstand

hat, einen Seelsorger, der für mich Gewissen hat, einen Arzt, der für mich die Diät

beurteilt, u.s.w., so brauche ich mich ja nicht selbst zu bemühen.

（Kant: "Was ist Aufklärung?" より）

bequem 快適な　　_unmündig_ 未成年状態　　_Habe ich 〜 so..._ 〜を持つならば…

Verstand 分別　　_Seelsorger_ 牧師

Gewissen 良心　　_Diät_ 食事療法　　_beurteilen_ 決める　_u. s. w. = und so weiter_ 等々

sich bemühen 骨折る　　_selbst_ 自分で

Dreiklang

【ドライクラング】

異文化理解のドイツ語

Ikubundo

この教科書の音声は，下記の郁文堂のホームページよりダウンロードすることができます。

http://www.ikubundo.com/related/50

♪2　本文中のこのマークは音声収録箇所を示しています。
数字は頭出しの番号です。

表紙・本文デザイン／イラスト：高嶋良枝

ドイツ語圏地図

1:5,430,000

0　　　100　　　200km

Schweden

Dänemark

Kopenhagen

Nordsee

Ostsee

Flensburg

Husum

Kiel

Stralsund

Schleswig-Holstein

Neumünster

Rostock

Cuxhaven　Freiburg(Elbe)

Lübeck

Mecklenburg-Vorpommern

Wilhelmshaven

Bremerhaven

Schwerin

Neubrandenburg

Emden

Hamburg

Müritz

Oldenburg

Lüneburg

Wittenberge

Bremen

Niedersachsen

Weser

Elbe

Brandenburg

Warthe

Polen

Celle

Wolfsburg

Potsdam

Berlin

Ems

Osnabrück

Hannover

Braunschweig

Frankfurt
an der Oder

Münster

Hildesheim

Hameln

Salzgitter

Magdeburg

Eisenhüttenstadt

Bielefeld

Sachsen-Anhalt

Rhein

Niederlande

Nordrhein-Westfalen

Göttingen

Dessau-Roßlau

Cottbus

Essen

Dortmund

Oder

Duisburg

Bochum

Kassel

Halle(Saale)

Leipzig

Sachsen

Neiße

Düsseldorf

Solingen

Meißen

Köln

Saale

Eisenach

Weimar

Jena

Gera

Dresden

Aachen

Bonn

Hessen

Erfurt

Chemnitz

Marburg

Fulda

Thüringen

Zwickau

Belgien

Gießen

Suhl

Deutschland

Koblenz

Bingen am Rhein

Luxemburg

Rheinland-Pfalz

Frankfurt am Main

Main

Prag

Luxemburg

Wiesbaden

Mainz

Darmstadt

Bayreuth

Tschechische Republik

Trier

Worms

Würzburg

Bamberg

Mosel

Saarland

Mannheim

Nürnberg

Moldau

Heidelberg

Rothenburg
ob der Tauber

Saarbrücken

Weinsberg

Regensburg

Karlsruhe

Bayern

Krems an der Donau

Stuttgart

Donau

Rhein

Baden-Baden

Isar

Passau

Wien

Frankreich

Neckar

Tübingen

Linz

Ulm

Augsburg

Eisenstadt

Inn

Baden-Württemberg

Ammersee

München

Freiburg im Breisgau

Starnberger See

Neusiedler See

Chiemsee

Salzburg

Füssen

Garmisch-
Partenkirchen

Watzmann(2713)

Bodensee

Konstanz

Basel

Bregenz

Zugspitze(2962)

Zürich

Innsbruck

Österreich

Graz

Vaduz

Zürichsee

Großglockner (3798)

Bern

Liechtenstein

Lienz

Schweiz

Villach

Klagenfurt

Lausanne

Eiger(3970)

Jungfrau (4158)

Slowenien

Genfersee

Genf

Bellinzona

Italien

Matterhorn(4478)

Monte Rosa(4634)

Lugano

Mont Blanc(4810)

はじめに

　皆さんの多くは，大学の授業で初めて本格的にドイツ語学習を始めていることでしょう。それでは，いくつかある外国語の中から，なぜドイツ語を選択したのでしょうか。ドイツ語圏の文化に興味があるから。単語の音の響きがかっこよかったから。マンガの主人公がドイツ語の名前だったから。友達が一緒に取ろうと言ったから。ただ何となく。きっかけはそれぞれ異なっていると思いますが，これからドイツ語を学んでいこうという目的は同じですよね。

　この教科書のタイトルは **Dreiklang** です（「ドライクラング」と読みます）が，日本語では「三和音」もしくは「三重奏」を意味します。それは，この教科書の三つの目標を表しています。(1) ドイツ語の基礎的な文法を理解して実際に使えるようにすること，(2) ドイツ語の基本語彙を身に付けること，さらに，一番大切なのは (3) ドイツ語圏の文化を理解することです。

　短期的に見ると，ドイツ語の学習は皆さんの勉学や生活とまったく結びつかないかもしれません。しかし，少し想像してみてください。もし来週サークルにドイツ人の留学生がやって来たら，ドイツ語で自己紹介できるかもしれません。あるいは，半年間の勉強でもうちょっと興味が湧いてきて，あなたはドイツのフランクフルトにあるゲーテの生家を実際に見てみたくなるかもしれません。もしかしたら，卒業旅行でスイスへ行って，『ハイジ』に出てくるパンとチーズをレストランで注文することになるかもしれません。卒業後，メンデルのようにオーストリアのウィーン大学で遺伝について勉強したくなるかもしれません。それとも，あなたが就職活動をする頃，自動車企業への就職を希望しているかもしれません。そのとき，面接で「フォルクスワーゲン」の意味を説明できたらちょっと他の学生と差をつけられるかもしれません。しかも，その会社に就職してベルリンやミュンヘンに赴任することになるかもしれません。あなたが医師や看護師になるのなら，フロイトの「エス」が何を意味するのかたずねてくる小難しい患者さんに応対しなければならないかもしれません。より長期的に見れば，ドイツ語の学習が皆さんの可能性を広げることを後押ししてくれるかもしれないのです。

　しかし，最も大事なのは，ドイツ語の学びを通して自分たちとは異なる文化に触れることによって，皆さんが今まで経験してこなかったもの，考えてこなかったことに出会うことです。表紙にある「ブレーメンの音楽隊」の物語では，ロバ，イヌ，ネコ，ニワトリが登場し，ブレーメンの音楽隊に加わるために一緒にブレーメンに向かいます。志を同じくする仲間たちに出会って，その途中それぞれにとっての新たな生きる意義を見つけるというストーリーになっています。この教科書 Dreiklang を通じて，皆さんにとって一つでも何か新しい発見があれば幸いです。

この教科書の使い方

　この教科書は，**水色**と**オレンジ色**の見出しをつけて習得事項を区別しています。

　教科書内の**水色**で示されている箇所は，先に挙げた目標の一つであるドイツ語の基礎的な文法の把握を見据え，**キーセンテンスおよび文法事項の習得**を目指します。まずは教科書各課の初めに出てくる **Grammatik**（文法）の「キーセンテンス」と「文法説明」を理解しましょう。文法の次にある **Sprechen**（会話練習）は，実際に声を出してドイツ語のセンテンスを読んでみて，正確な発音を確認することを目的としています。これに加えて，別冊の練習問題を活用して重要なポイントを反復できます。Sprechen は発音して覚えること，別冊の練習問題は書いて覚えることを目的としていますので，たくさん発音し，書いて，口と手でドイツ語を学びましょう。

　教科書内の**オレンジ色**で示されている箇所は，ドイツ語の読解力・会話力の向上およびドイツ語圏の文化の理解に重点を置いています。読解の練習には **Lesen**（読み物）があります。会話力のためには，**Partnerübung**（ペアアクティビティ）を学生同士で行うことによって，各課で学んだ語彙や文法事項を実際に使いながら，ドイツ語でコミュニケーションをとってみましょう。その際，**Wortschatz**（語彙リスト）で単語の意味を確認しながら，よく使われる語彙や言い回しを積極的に活用してみましょう。課によっては，**Kleine Wortübungen**（語彙確認小テスト）を利用して，語彙の確認をしてください。読解を重視するクラスでは Lesen を，会話中心のクラスでは Partnerübung を多く扱うことを想定しています。さらに，**Landeskunde**（ドイツ語圏の文化）では，各課のテーマ毎に，言語としてのドイツ語だけでなく，地理や歴史，政治などの多様なドイツ語圏の文化に触れ，そうした知識を自身のこれからの勉学に活かしてください。

　Wortschatz について，これはその課に出てきた語を単に集めたものではなく，皆さんに覚えてほしい語をまとめています。各課 50 語で 12 課あるので，一年間終わったところで 600 語覚えたことになります。ただし，文法で扱う冠詞，代名詞，前置詞，接続詞，助動詞，曜日，月などは含まれていませんので，文法の各項目を学ぶ際に確認しておきましょう。また，50 語のうち特に重要だと思われる語は色付けしてありますので，まずはそれから覚えてください。語彙を選ぶにあたっては膨大な電子資料（コーパス）から得られた情報を基に頻度が高いとされるもの * から，それぞれの課のテーマに沿うものを選出しました。ただし，コーパスの性質上，日常生活でよく使われるのに頻度が低い語，あるいは，日本でドイツ語を学ぶ学生にとって欠かせない語というものも出てきます。それらは私たちの判断で適宜追加しました。辞典代わりに使えるように最後に索引をつけました。そこには，文法説明にしか出ていない語も収録してありますので，ぜひ索引も活用して語の意味を調べてください。

---

* Jones, R.L./Tschirner, E. (2006) A Frequency Dictionary of German. Core vocabulary for learners. Routledge.

著者一同

目 次

Das Alphabet

♪2

A	a	*A*	*a*	[aː]	Q	q	*Q*	*q*	[kuː]
B	b	*B*	*b*	[beː]	R	r	*R*	*r*	[ɛr]
C	c	*C*	*c*	[tseː]	S	s	*S*	*s*	[ɛs]
D	d	*D*	*d*	[deː]	T	t	*T*	*t*	[teː]
E	e	*E*	*e*	[eː]	U	u	*U*	*u*	[uː]
F	f	*F*	*f*	[ɛf]	V	v	*V*	*v*	[faʊ]
G	g	*G*	*g*	[geː]	W	w	*W*	*w*	[veː]
H	h	*H*	*h*	[haː]	X	x	*X*	*x*	[ɪks]
I	i	*J*	*i*	[iː]	Y	y	*Y*	*y*	[ˈʏpsilɔn]
J	j	*J*	*j*	[jɔt]	Z	z	*Z*	*z*	[tsɛt]
K	k	*K*	*k*	[kaː]					
L	l	*L*	*l*	[ɛl]	Ä	ä	*Ä*	*ä*	[ɛː]
M	m	*M*	*m*	[ɛm]	Ö	ö	*Ö*	*ö*	[øː]
N	n	*N*	*n*	[ɛn]	Ü	ü	*Ü*	*ü*	[yː]
O	o	*O*	*o*	[oː]					
P	p	*P*	*p*	[peː]		ß		*ß*	[ɛs-tsɛ́t]

アルファベット・発音・数字

▶ アルファベット

ドイツ語のアルファベットは，英語のアルファベットに加えて，a, o, u にウムラウトの付いた ä, ö, ü と ß （エスツェット）があります。

▶ ドイツ語の発音

ドイツ語は，基本的にアルファベットの読み方を使ってローマ字読みをし，最初の母音にアクセントがある単語が多いです。アクセントのある母音では，母音の後の子音が一つのときには長母音（例：Name ナーメ）となり，二つ以上の場合には短母音（例：danken ダンケン）となります。特別な読み方をしたり，英語と似たような単語でも異なる読み方をしたりするものがありますので，以下の単語を読んで練習してみましょう。

▶ ドイツ語に特徴的な母音と子音

1）変母音（ウムラウト）♪3

ä	[ɜ:] [ɜ]	Käse チーズ	spät 遅い	Mädchen 少女
ö	[ø:] [œ]	hören 聞く	können 〜できる	schön 美しい
ü	[y:] [y]	müde 疲れた	müssen 〜しなければならない	

2）重母音 ♪4

ai, ay	[aɪ]	Mai 5月	Nein いいえ	Bayern バイエルン（地名）
ei, ey	[aɪ]	Wein ワイン	Ei 卵	frei 自由な　Meyer マイヤー（人名）
au	[aʊ]	auch 〜も	Auto 自動車	aus 〜から
eu, äu	[ɔy]	Europa ヨーロッパ	Euro ユーロ（通貨）	Häuser 家（複数）
ie	[i:]	Liebe 愛	diese この〜	Sie あなた
aa	[a:]	Haar 毛	Paar ペア	
ee	[e:]	Tee 茶	See 海，湖	
oo	[o:]	Boot ボート	Zoo 動物園	

3）子音 ♪5

語末では，b, d, g はそれぞれ無声音となります。

b, d, g	[p] [t] [k]	gelb 黄色い	Abend 夕方／晩	Tag 日

ch は a, o, u, au の後では [x]，i や子音の後では [ç] となりますが，chs の場合 [ks] になります。

ch	[x] Nacht 夜	Buch 本	[ç] ich 私	Milch ミルク
chs	[ks] sechs 6	Sachsen ザクセン（地名）		
-ig	[iç] Leipzig ライプツィヒ（地名）	zwanzig 20	König 王	

s は母音の前に置かれると有声音となりますが，ss か ß のときには無声音となります。短母音の後に来る場合には ss と綴られ，長母音もしくは二重母音の後では ß の綴りになります。

s	[z]	Sohn 息子	Sonne 太陽
ss	[s]	essen 食べる	Fluss 川

ß	[s]	Straße 通り	groß 大きい
sch	[ʃ]	Schweiz スイス	Japanisch 日本語
tsch	[tʃ]	Deutschland ドイツ	tschüs さようなら
st	[ʃt]	Student 学生	stehen 立っている
sp	[ʃp]	spielen 遊ぶ	Sprache 言語
ds, ts, tz	[ts]	abends 晩に	nachts 夜に　　Katze 猫

母音の後にhが続くと長母音となり，hは発音されません。

h		Bahn 鉄道	gehen 行く	
pf	[pf]	Apfel リンゴ	Kopf 頭	Pflanze 植物
qu	[kv]	Quelle 泉	Qualität 品質	

4）アルファベットの読みが英語と異なるもの　♪6

e	[e:] [ɛ]	Englisch 英語		
j	[j]	Japan 日本	Jan ヤン（人名）	Jahr 年
r	[ʁ]	rot 赤い	Dresden ドレスデン（地名）	
v	[f]	Vater 父	Vogel 鳥	Volk 民族
w	[v]	Wagen 自動車	wie ～のように	werden ～になる
z	[ts]	zwei 2	zentral 中心	Zoo 動物園

▶数字　♪7

0 から 30 までは暗唱できるようにしましょう。基本的に，13 から 19 までは「1 の位 + zehn」になり，21 からは「1 の位 + und + 10 の位」です。太字になっている箇所は間違えやすいので注意しましょう。

0	null	5	fünf	10	zehn	17	**sieb**zehn	70	**sieb**zig
1	eins	6	sechs	11	elf	20	zwanzig	100	（ein）hundert
2	zwei	7	sieben	12	zwölf	21	einundzwanzig	200	zweihundert
3	drei	8	acht	13	dreizehn	30	**dreißig**	1000	（ein）tausend
4	vier	9	neun	16	**sech**zehn	60	**sech**zig	10000	zehntausend

▶ドイツ語の都市名をカタカナで書いてみましょう　♪8

例：Frankfurt ➡（フランクフルト）

Heidelberg ➡（　　　　　　　　　　　　　）　　München ➡（　　　　　　　　　　　　　）

Berlin ➡（　　　　　　　　　　　）　　Düsseldorf ➡（　　　　　　　　　　　　　）

Zürich ➡（　　　　　　　　　　　）　　Wien ➡（　　　　　　　　　　　）

あいさつ

♪9　●声に出して練習してみましょう

> Guten Morgen!
> Wie geht's dir?

> Hallo!
> Danke, gut. Und dir?

♪10　●キーセンテンス

（1）Guten Morgen.
　　　おはようございます。

（2）Guten Tag! / Hallo!
　　　こんにちは！

（3）Danke schön. – Bitte schön.
　　　ありがとう。　　　　　どういたしまして。

（4）Wie geht es Ihnen/dir? – Danke, gut. Und Ihnen/dir?
　　　あなた / 君は元気ですか？　　　　　ありがとう，元気です。あなた / 君は？

（5）Auf Wiedersehen!
　　　さようなら！

（6）Freut mich!
　　　はじめまして！

ドイツ語の語彙には，インターナショナルな単語があります。
写真をヒントに単語を描いてみましょう。

A			o				
K				e			
T			s				
S				m			t

ドイツってどんな国？

次の文章を読んで，（　　）の中の選択肢□のうち，正しいと思うものにチェックをしましょう。アルファベットの選択肢の場合は一つを選びましょう。

1. ドイツ連邦共和国の現在の国境線は，（□ドイツ連邦共和国成立時の 1949 年　□ドイツ再統一時の 1990 年）に確定した。

2. （□イタリア　□フランス　□ロシア）はドイツの隣国である。

3. ドイツの面積は，日本と比べると，ほぼ（□ 2 倍　□半分　□同じくらい）の広さである。

4. ドイツの人口は，日本と比べると，（□約 4 千万人多い　□約 4 千万人少ない　□ほぼ同じくらいである）。

5. ドイツ連邦共和国の国旗は（　　　　）である。

 A　 B　 C　 D

6. ドイツ連邦共和国の国章は（　　　　）である。

 A　 B　 C

7. 冬の間はドイツの時刻の方が，日本より（□ 6 時間　□ 8 時間　□ 10 時間）遅い。

8. ドイツ語は，（□ドイツとスイス　□ドイツとオーストリア　□ドイツとスイスとオーストリア）で公用語になっている。

9. ドイツ語は，国際連合の公用語として（□使われている　□使われていない）。

10. ドイツの州立大学の授業料は（□無料である　□日本の国公立大学とほぼ同額である）。

11. ドイツの大学生のうちアルバイトをしている学生の割合は，（□約 30%　□約 70%）である。

12. ドイツの大学生のうち親と同居している学生の割合は，
（□約 20%　□約 60%）である。

13. 首都ベルリンの位置は右の地図のうち（　　　　）である。

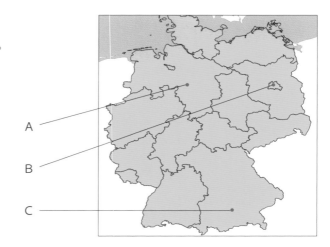

自己紹介

Tag

Morgen　　　　　**Abend**　　　　　**Nacht**

| **Deutschland** |
| Deutsche |
| Deutscher |

| **China** |
| Chinesin |
| Chinese |

| **Japan** |
| Japanerin |
| Japaner |

| **Österreich** |
| Österreicherin |
| Österreicher |

| **Korea** |
| Koreanerin |
| Koreaner |

| **die Schweiz** |
| Schweizerin |
| Schweizer |

●声に出して練習してみましょう

♪ 11

Hallo!

Guten Morgen!

Wie heißen Sie?
Wo wohnen Sie?

Ich heiße Michaela Müller.
Ich wohne in Berlin.

Was lernen Sie?

Ich lerne Deutsch.

Frau Müller ist Deutsche.

Sie ist Ärztin.

Herr Tanaka ist Japaner.

Er ist Lehrer.

♪12　（7）Wie heißen Sie? – Ich heiße Michaela Müller.
　　　　　あなたはなんというお名前ですか？　私はミヒャエラ・ミュラーと申します。

　　　（8）Wo wohnen Sie? – Ich wohne in Berlin.
　　　　　あなたはどこに住んでいますか？　私はベルリンに住んでいます。

　　　（9）Was lernst du? – Ich lerne Japanisch.
　　　　　君は何を勉強しているの？　私は日本語を勉強しています。

　　　（10）Was studiert Sophie? – Sie studiert Medizin.
　　　　　ゾフィーは何を専攻していますか？　彼女は医学を専攻しています。

　　　（11）Kommst du aus Deutschland? – Nein, ich komme nicht aus Deutschland.
　　　　　君はドイツから来たの？　　　　　　　いいえ，私はドイツからは来ていません。

　　　（12）Bist du Student/in? – Ja, ich bin Student/in.
　　　　　君は学生ですか？　　　　　　　はい，私は学生です。

文法説明

◇ 人称代名詞

人称代名詞は，主語の場合，以下の表の形が使用されます。二人称では，親しい相手を呼ぶ場合，親称の du（君）/ ihr（君たち）を，それ以外の場合には，敬称の Sie（あなた）をそれぞれ用います。

人称代名詞

ich	私	wir	私たち
du	君	ihr	君たち
er / sie / es	彼 / 彼女 / それ	sie / Sie	彼ら / あなた

◇ ドイツ語の書き方

ドイツ語の名詞の先頭は，文頭か文中で使われるかにかかわらず，固有名詞も普通名詞も**大文字**で書かれます。

Ja, **ich bin Student**.　はい，私は大学生です。

> **TIPP**
>
> student ではなく Student!
> ich は文中でも ich。英語の "I"（私）とは違って，大文字にはなりません。

◇ 動詞の位置・文のタイプ（平叙文・疑問文・否定文）

ドイツ語の平叙文では，動詞は必ず文の**2番目**の位置に来ます。そのため，たとえば，副詞的な要素が文頭に来た場合でも，動詞が2番目になります。

　　平叙文：Ich **lerne** jetzt Deutsch.　私は今ドイツ語を学んでいます。
　　　　　　Jetzt **lerne** ich Deutsch.

疑問文では，動詞と主語を入れ換えます。疑問詞を伴う場合には，疑問詞＋動詞＋主語の順になります。疑問詞には，**was**「何」や **wo**「どこ」，**woher**「どこから」，**wohin**「どこへ」，**wann**「いつ」，**wie**「どのように」，**wer**「誰」，**warum**「なぜ」などがあります。

　　疑問文：**Lernst** du Deutsch?　君はドイツ語を学んでいるの？
　　　　　　Was lernst du?　君は何を学んでいるの？

疑問文に肯定的に答える場合は **ja** を，否定的に答える場合は **nein** を使います。否定文を作るときは，**nicht** や否定冠詞 kein（第 3 課参照）を用います。 nicht は否定する対象の直前に置かれますが，文末に置かれると**文否定**となり，名詞や副詞，前置詞句などの前に置かれると**部分否定**となります。

肯定文：**Ja**, ich arbeite heute.　はい，私は今日働きます。

否定文：**Nein**, ich arbeite heute **nicht**.　いいえ，私は今日働きません。

　　　　Nein, ich arbeite **nicht** heute.　いいえ，私は今日は働きません（別の日には働く）。

また，否定的な疑問文に対して肯定的な反応を示したい場合には，**doch** を用います。

否定疑問文：Lernst du nicht gern Deutsch?　君はドイツ語を学ぶのが好きではないの？

　　　　　　Doch, ich lerne gern Deutsch.　そんなことないです，私はドイツ語を学ぶのが好きです。

　　　　　　Nein, ich lerne nicht gern Deutsch.　そうなんです，私はドイツ語を学ぶのが好きではありません。

> **TIPP**
> doch と nein の違いに注意！

◇ 動詞の人称変化（規則変化）・語幹と語尾

ドイツ語では，動詞の原形を**不定詞**と呼びます。実際に文中に現れる動詞の形は，主語の人称に従って変化し，規則的に変化するもの（規則変化動詞）と不規則的に変化するもの（不規則変化動詞）があります。規則変化動詞では，動詞の**語幹**は変化せず，**語尾**が変化します。

規則変化動詞

ich	語幹 -e	wir	語幹 -en
du	語幹 -st	ihr	語幹 -t
er/sie/es	語幹 -t	sie/Sie	語幹 -en

wohnen（住んでいる）

ich	wohne	wir	wohnen
du	wohnst	ihr	wohnt
er/sie/es	wohnt	sie/Sie	wohnen

語幹が -t, -d で終わる動詞（例 arbeiten）は語幹と人称語尾の間に口調上の e を挟み，-s, -ß, -z で終わる動詞（例 heißen）は，二人称単数と三人称単数が同じ形になります。

arbeiten（働く）

ich	arbeite	wir	arbeiten
du	arbeitest	ihr	arbeitet
er/sie/es	arbeitet	sie/Sie	arbeiten

heißen（〜という名前である）

ich	heiße	wir	heißen
du	heißt	ihr	heißt
er/sie/es	heißt	sie/Sie	heißen

◇ sein の人称変化

よく使用される動詞に **sein**（英語で be 動詞にあたるもの）があります。 sein は，lernen や wohnen とは異なり，不規則変化をする動詞です。以下の変化表をよく覚えておきましょう。

sein（〜である）

ich	bin	wir	sind
du	bist	ihr	seid
er/sie/es	ist	sie/Sie	sind

◇ 括弧内に語を入れてみよう

（　　　　　　　） er gern Englisch?　彼は英語を学ぶのが好きですか？

（　　　　　　　） du Studentin? Ja, ich（　　　　　　　） Studentin.　君は大学生（女性）ですか？ はい，大学生です。

♪13   **1）規則動詞**   一人が読み，一人が例にならって主語を括弧内の語に換えて言いましょう。

Ich heiße Monika Bauer. (sie) ➡ Sie heißt Monika Bauer.

Du wohnst in China. (Sie)

Sie lernen heute fleißig. (er)

Er kommt aus Japan. (ich)

Wir arbeiten in Deutschland. (ihr)

Frau Schmidt wohnt jetzt in Österreich. (sie 彼ら)

2）疑問文の作り方 1   一人が読み，一人が例にならって疑問文にしましょう。

Ich studiere in Bremen. (Sie) ➡ Studieren Sie in Bremen?

Ich lerne gern Japanisch. (du)

Ich arbeite in Berlin. (Sie)

Ich komme aus Weimar. (er)

3）疑問文の作り方 2   一人が読み，一人が例にならって疑問文にしましょう。

Ich studiere in China. (wo, du) ➡ Wo studierst du?

Ich wohne in Japan. (wo, du)

Ich komme aus Berlin. (woher, er)

Ich heiße Angela. (wie, du)

4）否定文の作り方   一人が読み，一人が Nein + 否定文で答えましょう。

Studieren Sie in Bremen?

Lernst du gern Französisch?

Arbeitest du fleißig?

Kommst du aus Weimar?

5）sein 動詞   一人が例にならって疑問文を作り，一人が Ja + 肯定文で答えましょう。

(du, Lehrer) Bist du Lehrer? ➡ Ja, ich bin Lehrer.

(du, Studentin)

(er, Beamter)

(sie, Ärztin)

(Sie, Japaner)

Wortschatz 1 語彙リスト

（名詞で r は男性名詞，e は女性名詞，s は中性名詞，pl は複数名詞を表す。/ は「2 格 / 複数形」を表す。）

14

一　日		
Morgen	名 r -s/-	朝
Tag	名 r -es/-e	昼間，日
Abend	名 r -s/-e	夕方
Nacht	名 e -/Nächte	夜

名　前		
Name	名 r -ns/-n	名前
Frau	名 e -/-en	（女性に関して）…さん
	Frau Tanaka 田中さん；女性 , 妻	
Herr	名 r -n/-en	（男性に関して）…さん
	Herr Tanaka 田中さん；紳士	

家族・人々		
Freund, Freundin	名 r -es/-e, e -/-nen	
		友達
Kind	名 s -es/-er	子供
Mann	名 r -es/Männer	男，夫
Mutter	名 e -/Mütter	母
Vater	名 r -s/Väter	父

国		
Japan	名 s	日本
Deutschland	名 s	ドイツ
China	名 s	中国
Österreich	名 s	オーストリア
Schweiz	名 e	スイス
	aus der Schweiz スイスから	

国　籍		
Chinese, Chinesin	名 r -n/-n, e -/-nen	中国人
Deutscher, Deutsche	名 r, e	ドイツ人
Japaner, Japanerin	名 r -s/-, e -/-nen	日本人
Koreaner, Koreanerin	名 r -s/-, e -/-nen	朝鮮〈韓国〉人
Österreicher, Österreicherin	名 r -s/-, e -/-nen	
		オーストリア人
Schweizer, Schweizerin	名 r -s/-, e -/-nen	スイス人

言　語		
Deutsch	名 s -[s]/	ドイツ語
Englisch	名 s -[s]/	英語
Französisch	名 s -[s]/	フランス語
Japanisch	名 s -[s]/	日本語

職業・仕事		
Arzt, Ärztin	名 r -es/Ärzte, e -/-nen	医者
Beamter, Beamtin	名 r, e	公務員
Lehrer, Lehrerin	名 r -s/-, e -/-nen	教師
Schüler, Schülerin	名 r -s/-, e -/-nen	生徒
Student, Studentin	名 r -en/-en, e -/-nen	学生
Arbeit	名 e -/-en	仕事
Beruf	名 r -s/-e	職業

現在形で規則変化する動詞		
arbeiten	動	働く
fliegen	動	飛ぶ，飛行機で行く
heißen	動	という名前である
kommen	動	来る
lachen	動	笑う
lernen	動	学ぶ
schreiben	動	書く
sitzen	動	座っている
studieren	動	（大学で）勉強している
warten	動	待つ
wohnen	動	住んでいる

形容詞・副詞		
auch	副	…もまた
fleißig	形	勤勉な
gern[e]	副	好んで，喜んで
heute	副	今日
jetzt	副	今

1．左右の語彙を線で結び，文を完成させましょう。

Ich　　　・　　　　　　　・du jetzt in Japan?

Er　　　　・　　　　　　　・kommen Sie?

Sie　　　　・　　　　　　　・du?

Wohnst　・　　　　　　　・heiße Jakob Bauer.

Woher　　・　　　　　　　・ist Arzt.

Wie heißt・　　　　　　　・heißt Monika.

2．1で作った文を音読し，発音を確認しましょう。

3．基礎語彙や練習問題で学んだ単語を用いてしりとりをしましょう。

はい	働く	夜	日	行く	名前	彼
j__	_____n	_____	T___	g_____	N_____	__r

4．次の会話をパートナーと音読し，どのようなことを話しているか考えましょう。

♪15

Ⓐ Hallo, ich heiße Anna. Ich komme aus Bonn. Wie heißt du?

Ⓑ Ich heiße Karl. Ich komme aus Hamburg. Bist du Studentin?

Ⓐ Ja, ich studiere hier.

Ⓐ Guten Tag. Ich heiße Monika Bauer.

Ⓑ Guten Tag, Frau Bauer. Ich bin Max Keller.

Ⓐ Freut mich, Herr Keller. Woher kommen Sie?

Ⓑ Ich komme aus Heidelberg. Ich wohne jetzt auch in Heidelberg. Und Sie?
Woher kommen Sie?

Ⓐ Ich komme aus Mainz. Jetzt wohne ich in Berlin.

5．上の会話を参考に，周りの人と会話をして下の表を作成しましょう。

名　前	出　身	現在，住んでいるところ

Landeskunde 1

ドイツの都市と河川

次の文章中の□内に適切な都市名もしくは河川名（A～F）を記入し，関連する写真（①～⑥）を選びましょう。

☐ ガラス屋根が目印のドイツ連邦議会議事堂は，首都□の中心地にある。連邦議会議員の選挙権と被選挙権はともに，満 18 歳以上でドイツ国籍を有する人が持っている。

☐ 欧州中央銀行は，金融機関の集まる□にあり，その役割は，ユーロ圏参加各国の中央銀行と協力して，ユーロ圏の金融政策を決定し，実施することである。

☐ 「ローレライの岩」は□の右岸にそびえている。蛇行しているために水の流れが速く，難破する船が多かったために，この岩の上で歌う少女の美声に船乗りが惑わされるという「ローレライ伝説」が生まれた。

☐ 中心市街地に立つ「聖母教会」は，□の街の象徴。塔のタマネギ形をした頭頂部が特徴的。この塔より高い建築物を建てることは禁止されている。塔からは遠くのアルプスが望める。

☐ エルベ河沿いの港湾都市□には，巨大な倉庫群が並んでいる。19 世紀末から 20 世紀初めの頃，これらの倉庫にはコーヒー，カカオ，生ゴムなど国際貿易商品が貯蔵されていた。

☐ ロバ，犬，猫，鶏が順々に相乗りしているブロンズ彫刻は，□の音楽隊をかたどっている。弱者が協力すれば強者を打ち負かせるという話で，グリム童話にも収録されている。

| **A** Berlin | **B** Bremen | **C** Frankfurt |
| **D** Hamburg | **E** der Rhein | **F** München |

①

②

③

④

⑤

⑥

下の図は，ドイツの天気予報図です。文章を読んで，各都市の場所と天気を確認してみましょう。

♪16　　In* Kiel ist es* sonnig* und 4 Grad*.

In Hamburg ist es neblig* und 1 Grad.

In Düsseldorf ist es sonnig und 6 Grad.

In Stuttgart ist es wolkig* und minus* 2 Grad.

In München ist es neblig und minus 4 Grad.

In Berlin ist es neblig und 3 Grad.

> in 〜では　es「非人称主語」で英語の It rains の it と同じ働きをする。(Es regnet で雨が降る)
> sonnig 晴れた　Grad 〜度（気温）neblig 霧のかかった　wolkig 曇りの　minus マイナス・零下

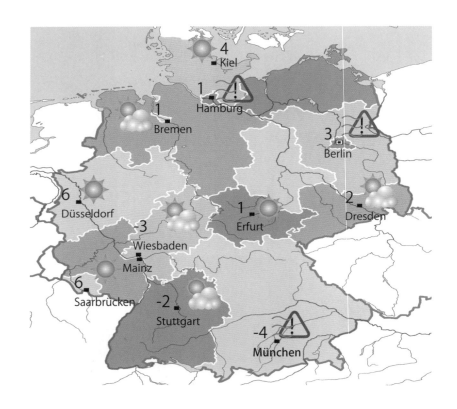

Übung ▷ 日本各地の天気をドイツ語で表現しましょう。

札　幌	☀	2 度	
仙　台	☀	9 度	
名古屋	☀	14 度	
広　島	☁	11 度	
高　知	☁	13 度	
那　覇	☁	22 度	

Lektion

2

趣味・余暇

この課で学ぶこと ▶ 動詞の不規則変化・名詞の格変化（導入）

趣味・余暇

schwimmen	Klavier spielen	kochen
singen	spazieren gehen	Sport treiben
reisen	malen	lesen
schlafen	nach Berlin fahren	

Musik hören

Fußball spielen

Filme sehen

持ち物 1

Buch
Heft
Tasche
Uhr
Zeitung
Regenschirm

●声に出して練習してみましょう

♪17

Liest du gern?

Ja, ich lese gern.
Ich lese jetzt ein Buch.

♪18

(13) Wohin fährst du? – Ich fahre nach München.
　　　君はどこに行くの？　　　　　　私はミュンヘンに行きます。

(14) Liest du gern? – Ja, ich lese gern.
　　　君は読書が好きですか？　　はい，私は読書が好きです。

(15) Das ist ein Apfel. Er ist klein.
　　　これはリンゴです。それは小さいです。

文法説明

◇ 動詞の人称変化（不規則変化）

第1課で学んだように，動詞には不規則変化をするものがあります。不規則変化動詞には，主語が二人称単数 (du) か三人称単数 (er/sie/es) の場合，幹母音が a から ä となるもの，e から i / ie となるものがあります。

fahren（乗る） a → ä 型

ich	fahre	wir	fahren
du	fährst	ihr	fahrt
er/sie/es	fährt	sie/Sie	fahren

例：schlafen（眠る），laufen（走る）など

sprechen（話す） e → i 型

ich	spreche	wir	sprechen
du	sprichst	ihr	sprecht
er/sie/es	spricht	sie/Sie	sprechen

例：helfen（助ける＝第3課参照）など

sehen（見る） e → ie 型

ich	sehe	wir	sehen
du	siehst	ihr	seht
er/sie/es	sieht	sie/Sie	sehen

例：lesen（読む）など

◇ 括弧内に語を入れてみよう

(　　　　　　　) du nach Deutschland?　　Ja, ich (　　　　　　　) nach Deutschland.

君はドイツへ（乗り物で）行きますか？　　はい，私はドイツへ行きます。

◇ 名詞の性

ドイツ語の名詞には，たとえば，「机」は男性名詞 (der Tisch)，「カバン」は女性名詞 (die Tasche)，「本」は中性名詞 (das Buch) というように，あらかじめ**文法上の性**（男性・女性・中性）が与えられています。辞書や語彙リストなどでは，男性名詞は *r* (der)，女性名詞は *e* (die)，中性名詞は *s* (das)，複数形は *pl* (plural) と略記されています。

◇ 定冠詞・不定冠詞・人称代名詞

名詞の前には冠詞が置かれます。定冠詞（英語で the にあたるもの）と不定冠詞（英語で a/an にあたるもの）は，文中で主語となる（1格で用いられる）場合，以下のような形になります。

	男性	女性	中性	複数	例：英語
定冠詞	der	die	das	die	the
不定冠詞	ein	eine	ein		a/an
人称代名詞	er	sie	es	sie	it/they

◇ 代名詞の仕組み

すでに出てきた名詞や，不特定のものを指す場合，代名詞が用いられます。英語では人以外の物を指すとき，基本的に it を使いますが，ドイツ語では，名詞の性に応じて人称代名詞も変化します。（„Das ist ein Apfel." の das「これ」は，指示代名詞の中でも性・数に関係なく用いることができます。）

Ist **die Uhr** alt?
その時計は古いですか？

Ja, **sie** ist sehr alt.
はい，それはとても古いです。

Das ist **ein Apfel**.
これはリンゴです。

Er ist sehr klein.
それはとても小さいです。

◇ 適切な形を選んでみよう

(Der / Die / Das) Garten ist groß.
その庭（男性名詞）は大きいです。

(Der / Die / Das) Musik ist schön.
その音楽（女性名詞）は素晴らしいです。

Ist (der / die / das) Foto neu?
その写真（中性名詞）は新しいですか？

Nein, (er / sie / es) ist nicht neu.
いいえ，それは新しくないです。

◇ 定冠詞と不定冠詞の格変化

冠詞の形は，名詞の性・数・格によって変わります。文の中で名詞が用いられるとき，日本語で言えば，**1 格**（主格）は「〜は」，**2 格**（属格）は「〜の」，**3 格**（与格）は「〜に」，**4 格**（対格）は「〜を」にほぼ対応しています。第 2 課では 1 格で用いる文を練習しますが，第 3 課で 3 / 4 格を，第 4 課で 2 格を学びますので，この課ではまず下の表で冠詞の格変化を覚えましょう。（複数形については第 4 課で詳しく取り上げます。）

定冠詞の格変化

格		男 （男性）	女 （女性）	子ども （中性）	子ども （複数）
1	主格	**der** Mann	**die** Frau	**das** Kind	**die** Kinder
2	属格	**des** Mannes	**der** Frau	**des** Kindes	**der** Kinder
3	与格	**dem** Mann	**der** Frau	**dem** Kind	**den** Kindern
4	対格	**den** Mann	**die** Frau	**das** Kind	**die** Kinder

不定冠詞の格変化

格		男 （男性）	女 （女性）	子ども （中性）	子ども （複数）
1	主格	**ein** Mann	**eine** Frau	**ein** Kind	Kinder
2	属格	**eines** Mannes	**einer** Frau	**eines** Kindes	Kinder
3	与格	**einem** Mann	**einer** Frau	**einem** Kind	Kindern
4	対格	**einen** Mann	**eine** Frau	**ein** Kind	Kinder

♪19　**1）規則変化動詞**　一人が読み，一人が主語を括弧内の語に換えて言いましょう。

Ich spiele gern Klavier. (du)

Du hörst nicht gern Musik. (wir)

Schwimmen Sie heute? (ihr)

Wir reisen nicht gern. (er)

Du malst jetzt. (ich)

2）不規則変化動詞 1　一人が読み，一人が主語を括弧内の語に換えて言いましょう。

Ich fahre heute nach München. (du)

Wir lesen gern Romane. (er)

Ich sehe nicht gern Filme. (du)

Wir schlafen gern. (das Kind)

3）不規則変化動詞 2　一人が読み，一人が例にならって疑問文にしましょう。

Ich spreche Deutsch. (was, er)　➡　Was spricht er?

Ich spreche Französisch. (was, du)

Wir fahren nach Leipzig. (wohin, du)

Wir lesen gern Romane. (was, er)

4）名詞の性 / 定冠詞 / 不定冠詞 1　一人が読み，一人が言い換えましょう。

Das ist ein Apfel. (groß)　➡　Der Apfel ist groß.

Das ist ein Ei. (klein)

Das ist ein Regenschirm. (neu)

Das ist eine Tasche. (schön)

Das ist ein Heft. (groß)

5）名詞の性 / 定冠詞 / 不定冠詞 2　一人が読み，一人が例にならって答えましょう。

Wie ist der Apfel? (klein)　➡　Er ist klein.

Wie ist der Kuchen? (groß)

Wie ist das Buch? (alt)

Wie ist die Uhr? (schön)

Wortschatz 2　語彙リスト

（名詞で r は男性名詞，e は女性名詞，s は中性名詞，pl は複数名詞を表す。/ は「2 格 / 複数形」を表す。）

20

趣味・余暇

Bild	名 s -es/-er	絵
Film	名 r -s/-e	映画
Foto	名 s -s/-s	写真
Fußball	名 r -s/	サッカー
Garten	名 r -s/Gärten	庭
Hobby	名 s -s/-s	趣味
Klavier	名 s -s/-e	ピアノ
Lied	名 s -es/-er	歌
Musik	名 e -/	音楽
Reise	名 e -/-n	旅行
Roman	名 r -s/-e	小説
Sport	名 r -s/	スポーツ

Sport treiben　スポーツをする

Zeit	名 e -/-en	時間
hören	動	[4 格] を聞く
kaufen	動	[4 格] を買う
kochen	動	料理をする
malen	動	[4 格] を描く，絵を描く
reisen	動	旅行する
schwimmen	動	泳ぐ
singen	動	歌う
spazieren	動	ぶらぶら歩く

spazieren gehen　散歩する

| spielen | 動 | [4 格]（球技）をする，（楽器）を弾く，遊ぶ |

飲 食

Apfel	名 r -s/Äpfel	リンゴ
Ei	名 s -es/-er	卵
Kuchen	名 r -s/-	ケーキ
Torte	名 e -/-n	（クリーム・果物などをのせた）ケーキ

持ち物 1

Buch	名 s -es/Bücher	本
Heft	名 s -es/-e	ノート
Regenschirm	名 r -[e]s/-e	傘
Tasche	名 e -/-n	カバン

Uhr	名 e -/-en	時計
Zeitschrift	名 e -/-en	雑誌
Zeitung	名 e -/-en	新聞

形容詞

alt	形	年取った，古い
gut	形	よい，上手な
groß	形	大きい
jung	形	若い
klein	形	小さい
neu	形	新しい
schön	形	美しい

現在形で規則変化する動詞

bleiben	動	とどまる
gehen	動	行く
leben	動	生きている
stehen	動	立っている

現在形で不規則変化する動詞

fahren	動	（乗り物で）行く
laufen	動	走る
lesen	動	[4 格] を読む
schlafen	動	眠る
sehen	動	[4 格] を見る
sprechen	動	[4 格] を話す

ドイツ語の単語や文章が隠れています。周りの人と協力して出来るだけ多くの単語や文章を見つけて，下の枠の中に書き出しましょう。

W	A	S	L	E	R	N	S	T	D	U	I	C	H	L
I	Z	V	S	C	H	W	I	M	M	E	N	W	E	E
E	R	H	E	I	ß	T	K	O	T	A	Ä	F	X	R
H	K	O	N	Z	E	R	T	Ö	J	A	P	A	N	N
E	I	E	R	Z	Ä	O	P	E	R	A	Ä	I	Ü	E
I	M	M	E	R	F	U	ß	B	A	L	L	A	N	D
ß	Ü	V	M	U	S	I	K	L	A	V	I	E	R	E
E	S	S	E	N	E	N	G	L	I	S	C	H	X	U
N	E	U	Ü	H	O	B	B	Y	X	W	U	R	S	T
S	I	E	H	S	T	D	U	F	I	L	M	E	ß	S
I	X	C	H	I	N	E	S	I	S	C	H	A	Ö	C
E	I	S	S	T	D	U	G	E	R	N	E	I	S	H

◇単語や文章を書き出してみよう！

Kleine Wortübungen

＊ 次の語は下のどの動詞と結びつきますか。線でつなぎましょう。

Filme　　Fußball　　Sport　　Musik　　Ski　　spazieren　　Romane

fahren　　hören　　lesen　　sehen　　spielen　　gehen　　treiben

＊ 上の語を使って，自分の好きなこと，好きではないことを周りの人に言ってみましょう。

（例）Ich lese gern Romane. Ich spiele nicht gern Fußball.

Landeskunde 2

ドイツの春の祝祭

次の文章を読んで，（　　　）の中の選択肢□のうち，正しいと思う方にチェックをしましょう。

　ドイツの春の始まりを告げるのは，カーニバル（Karneval, Fastnacht）とイースター（Ostern）です。カーニバルという言葉は，ラテン語の「肉よ，（□さらば！　□ようこそ！）（carne vale!）」に由来します。カトリック教会は，キリストの（□誕生　□復活）を祝うイースターの前の46日間を断食期間と定めました。すると，その前に肉をたくさん食べようという祭がドイツの風習として成立したのです。カーニバルは，11月11日11時11分に始まり，「灰の水曜日」（2月中旬から3月初旬の間）に終わります。カーニバルは，ドイツの中でも（□プロテスタント　□カトリック）の影響が強い地方の風習で，「灰の水曜日」の前の6日間はお祭り期間になっています。ラインラント地方では，「女性のファストナハト（Weiberfastnacht）」と呼ばれ，女性は男性のネクタイを切ることができ，女性の無礼講が許される日となっています。

　カーニバルが終わると，仮装で賑わった街は一転，イースターの象徴の（□うさぎと卵　□蛇と卵）の置物で溢れます。イースターは，春分の日の後の最初の満月から数えて最初の日曜日（3月22日から4月25日の間）と定められています。イースターの日曜日になると，イースターのうさぎが，家の中や庭に卵を隠すといわれることから，家族みんなでカラフルに彩られた卵を探します。その後の家族との食事は，断食期間に我慢していたこともあり，いつもよりも美味しく感じられます。

1. 夏休み前のある日，ドイツの大学に通う Haruki と Sophie がカフェでおしゃべりをしています。テーブルに Sophie の注文したケーキが運ばれてきたところです。正しいものに〇をつけましょう。

♪21　**Haruki**：Was ist das?

Sophie：Das ist ein Apfelkuchen. (Es / Er / Sie) ist mein* Lieblingskuchen*.

Haruki：(Das / Die / Der) Kuchen ist groß!

Sophie：Ja, sehr* groß! Übrigens*, fliegst du in den Ferien nach Japan?

Haruki：Nein, aber* ich fahre nach München! Viele Freunde von mir* machen* eine Reise...

Julian (fährt / fahrt / fahrent) nach Berlin. Emma fliegt nach Österreich.

Und du? Reist du auch?

Sophie：Nein, in den Ferien* (bleibene / bleibe / bleibt) ich zu Hause*.

Haruki：Zu Hause? Warum? Was machst du zu Hause?

Sophie：Ich lese Romane. Und ich sehe gerne zu Hause Filme!

> mein 私の　Lieblings... お気に入りの〜　sehr とても　übrigens それはそうと　aber でも
> viele Freunde von mir 私のたくさんの友達　machen 〜する / 〜を作る　in den Ferien 休暇中に
> zu Hause 家に・家で

2. 次の A 〜 C の文章は，テクストの内容に合っていますか？ Richtig（正しい）と Falsch（間違っている），あてはまる方にチェックをしましょう。

	Richtig	Falsch
A：Der Kuchen ist klein.	☐	☐
B：Haruki fährt in den Ferien nach Berlin.	☐	☐
C：Sophie liest in den Ferien Romane.	☐	☐

3

持ち物・食べ物

この課で学ぶこと ▶ haben・3/4 格と結びつく動詞・否定冠詞

essen

das Fleisch

der Fisch

das Brot

der Käse

die Orange

die Kartoffel

die Suppe

die Wurst

der Schinken   das Gemüse

die Zwiebel   das Obst

trinken

die Milch

das Wasser

der Wein

das Bier   der Kaffee

Guuu

持ち物 2

der Bleistift

der Kugelschreiber

das Smartphone

der Brief

● 声に出して練習してみましょう

♪ 22

Hast du einen Bleistift?

Nein, ich habe keinen Bleistift,
aber ich habe einen Kugelschreiber.

Grammatik 3 · haben・3/4 格と結びつく動詞・否定冠詞

♪23

(16) Der Student hat ein Handy und einen Computer.
その学生は携帯電話とパソコンを一台持っています。

(17) Isst du gern Käse? – Ja, ich esse gern Käse.
君はチーズが好きですか？　　　はい，私はチーズが好きです。

(18) Hast du jetzt Hunger? – Nein, ich habe keinen Hunger.
君は今お腹が空いていますか？　　　いいえ，私は今お腹が空いていません。

(19) Die Tasche gefällt der Frau.
そのカバンはその女性の気に入っています。

(20) Ich gebe der Frau/dem Mann eine Uhr/ein Buch.
私はその女性 / その男性に時計をひとつ / 本を一冊あげます。

文法説明

◇ 動詞 haben・4 格と結びつく動詞

第 2 課で学んだ sein 同様に，**haben**（英語で **have** にあたるもの）もよく使用され，この動詞も不規則変化をします。haben, essen, nehmen, wissen などは，目的語に **4 格**を取る動詞です。（「冠詞の格変化」については，第 2 課を参照）

haben（〜を持つ）

ich	habe	wir	haben
du	hast	ihr	habt
er/sie/es	hat	sie/Sie	haben

essen（食べる）

ich	esse	wir	essen
du	isst	ihr	esst
er/sie/es	isst	sie/Sie	essen

nehmen（〜を取る）

ich	nehme	wir	nehmen
du	nimmst	ihr	nehmt
er/sie/es	nimmt	sie/Sie	nehmen

wissen（知る）

ich	weiß	wir	wissen
du	weißt	ihr	wisst
er/sie/es	weiß	sie/Sie	wissen

Ich habe ein Handy　　　　　　　Sie isst einen Apfel.
私は携帯電話を一台持っています。　　彼女はリンゴを一個食べます。

◇ 不定冠詞類 (1)：否定冠詞

第 1 課でも学びましたが，否定文を作る場合には，nicht や kein が使用され，名詞を否定するとき，**kein** を用います。基本的には，無冠詞もしくは不定冠詞の付いている名詞を否定する際に，kein を使います。

Er hat einen Computer.　　　Er hat **keinen** Computer.
彼はパソコンを一台持っています。　彼はパソコンを持っていません。

Ich trinke Wein.　　　　　　Ich trinke **keinen** Wein.
私はワインを飲みます。　　　　私はワインを飲みません。

しかし，定冠詞付きの名詞を否定するときには，kein ではなく nicht が使われます。この場合，nicht を文末に置くと文否定，否定する名詞の定冠詞の前に置くと部分否定の意味になります。（nicht の詳しい用法については，第 1 課を参照）

Ich trinke den Wein.

私はそのワインを飲みます。

Ich trinke den Wein **nicht**.

私はそのワインを飲みません。

Ich trinke **nicht** den Wein.

私はそのワインは飲みません。

否定冠詞は，不定冠詞に類する格変化をします。（その他の不定冠詞類は，第 5 課の「所有冠詞」の項目で扱います。）

否定冠詞の格変化

格		男 （男性）	女 （女性）	子ども （中性）	子どもたち （複数）
1	主格	kein Mann	keine Frau	kein Kind	keine Kinder
2	属格	keines Mannes	keiner Frau	keines Kindes	keiner Kinder
3	与格	keinem Mann	keiner Frau	keinem Kind	keinen Kindern
4	対格	keinen Mann	keine Frau	kein Kind	keine Kinder

◎ 3 格と結びつく動詞

　動詞には，haben のように 4 格と結びつくものだけでなく，**3 格**と結びつくものがあります。たとえば，gefallen という動詞です。下記のような表現の場合，日本語の感覚では，意味上の主語は「女性」になりますが，ドイツ語の文の主語（1 格）は die Tasche「カバン」です。他にも，danken, gehören, helfen などの動詞は 3 格の目的語をとります。

Die Tasche gefällt **der Frau**.

そのカバンはその女性の気に入っています。

Wem gehört das Buch?

この本は誰のですか？

疑問詞 wer の格変化

格	誰
1	wer
2	wessen
3	wem
4	wen

> **TIPP**
> der Frau「女性」や Wem「誰」は 3 格！

◎ 3・4 格と結びつく動詞

　英語の give などと同様に，3 格と 4 格の**二つの目的語**をとる **geben**「与える」のような動詞もあります。また他にも，bringen, schenken, schicken, zeigen などの動詞があります。それぞれの動詞の使い方や意味は，辞書や語彙リストを見て確認しておきましょう。

Ich gebe der Frau ein Buch.　私はその女性に一冊の本をあげます。
　　　　3 格　　4 格　　　　　3 格　　　4 格

◇ 括弧内に語を入れてみよう

Haben Sie (　　　　　) Regenschirm? ― Nein, ich habe (　　　　　) Regenschirm.

あなたは傘を持っていますか？　　　　　　いいえ，私は傘を持っていません。

Die Uhr gehört (　　　　　) Lehrer.

その時計はその教師のものです。

Er schenkt (　　　　　) Studentin (　　　　　)Bild.

彼はその大学生に一枚の絵を贈ります。

31

♪24　**1）4格 / haben**　一人が文を読み，一人が主語を括弧内の語に換えて言いましょう。

Ich habe ein Handy. (du)

Er hat einen Kugelschreiber. (ich)

Sie hat Hunger. (du)

Sie haben eine Zeitung. (er)

2）4格 / 否定冠詞　一人が文を読み，一人が例にならい否定冠詞を使って言い換えましょう。

Ich habe ein Handy. (er) ➡ Er hat kein Handy.

Ich nehme einen Kuchen. (du)

Du isst eine Torte. (wir)

Er nimmt eine Wurst. (sie 彼らは)

Sie trinkt ein Bier. (ich)

Das Kind findet einen Kugelschreiber. (ich)

3）3格と結びつく動詞　一人が左の文を読み，一人が例にならい下線に語を入れて言いましょう。

Das Heft gehört der Studentin. (der Lehrer) ➡ Der Bleistift gehört dem Lehrer.

Der Käse gefällt dem Vater. (die Mutter)　Das Bier gefällt _____.

Frau Müller dankt dem Arzt. (die Ärztin)　Herr Tanaka dankt _____.

Das Buch gehört der Freundin. (der Freund)　Die Zeitschrift gehört _____.

Der Student hilft oft der Lehrerin. (der Lehrer)　Das Kind hilft immer _____.

4）3，4格と結びつく動詞　一人が左の文を読み，一人が例にならい下線に語を入れて言いましょう。

Das Kind hat keinen Apfel. ➡ Ich gebe dem Kind einen Apfel.

Das Kind hat kein Smartphone.　　Ich zeige _____ ein Smartphone.

Die Mutter hat kein Brot.　　Ich bringe _____ ein Brot.

Der Freund hat keine Tasche.　　Ich schenke _____ eine Tasche.

Der Lehrer hat keinen Bleistift.　　Ich gebe _____ einen Bleistift.

Die Studentin hat keinen Computer.　　Ich schenke _____ einen Computer.

Wortschatz 3　語彙リスト

（名詞で r は男性名詞，e は女性名詞，s は中性名詞，pl は複数名詞を表す。/ は「2 格 / 複数形」を表す。）

25

飲　食			
Bier	名	s -es/	ビール
Brot	名	s -es/-e	パン
Fisch	名	r -es/-e	魚
Fleisch	名	s -es/	肉
Gemüse	名	s -s/-	野菜
Glas	名	s -es/Gläser	グラス
	ein Glas Wasser グラス一杯の水		
Kaffee	名	r -s/	コーヒー
Kartoffel	名	e -/-n	ジャガイモ
Käse	名	r -s/	チーズ
Milch	名	e -/	ミルク
Obst	名	s -es/	果物
Schinken	名	r -s/-	ハム
Suppe	名	e -/-n	スープ
Wasser	名	s -s/	水
Wein	名	r -es/	ワイン
Wurst	名	e -/Würste	ソーセージ
Zwiebel	名	e -/-n	タマネギ
Hunger	名	r -s/	空腹
	Hunger haben 空腹である		
Kilo	名	s -s/-[s]	キログラム
	ein Kilo Kartoffeln ジャガイモ 1 キログラム		
essen*	動		[4 格] を食べる
trinken	動		[4 格] を飲む

持ち物 2			
Bleistift	名	r -[e]s/-e	鉛筆
Brief	名	r -es/-e	手紙
Computer	名	r -s/-	コンピューター
Geld	名	s -es/	お金
Handy	名	s -s/-s	携帯電話
Kugelschreiber	名	r -s/-	ボールペン（略）Kuli
Smartphone	名	s -s/-s	スマートフォーン

副　詞		
häufig	副	たびたび
immer	副	いつも
manchmal	副	ときどき
nie	副	決して…ない
oft	副	しばしば
selten	副	めったに…ない
lieber	副	より好んで
sehr	副	とても

4 格と結びつく動詞		
besuchen	動	[4 格] を訪問する
finden	動	[4 格] を見つける
		[4 格] を…と思う
machen	動	[4 格] をする，作る
nehmen*	動	[4 格] を取る
wissen*	動	[4 格] を知っている

3 格と結びつく動詞		
danken	動	[3 格] に感謝する
gefallen*	動	[3 格] の気に入る
gehören	動	[3 格] のものである
helfen*	動	[3 格] を手伝う，を助ける

3 格 /4 格と結びつく動詞		
bringen	動	[3 格] に [4 格] を持ってくる
geben*	動	[3 格] に [4 格] を与える
schenken	動	[3 格] に [4 格] を贈る
schicken	動	[3 格] に [4 格] を送る
zeigen	動	[3 格] に [4 格] を見せる

（* は現在形で不規則変化をする）

1．次の単語を男性名詞，女性名詞，中性名詞に分類しましょう。

Bleistift	Buch	Computer	Smartphone	Zeitschrift	Kuli
Handy	Heft	Regenschirm	Zeitung	Brot	Brief

der	die	das

2．下記のテーマにしたがって，パートナーと会話しましょう。

● テーマ 1：Tasche

A. Thomas と Monika の持ち物について，例を参考に会話してみましょう。

♪26 **会話例：**

Ⓐ Thomas hat ein Buch. Hat Monika auch ein Buch?

Ⓑ Nein, sie hat kein Buch.

　Sie hat ein Heft. Hat er auch ein Heft?

Ⓐ Nein, er hat kein Heft.

　Er hat einen Computer. Hat sie auch einen Computer?

Ⓑ Nein, sie hat keinen Computer.

Thomas

Bleistift　Smartphone
Buch　Computer
Zeitschrift　Kuli　Brot

Monika

Regenschirm　Brief
Heft　Zeitung
Kuli　Handy

B.　今日，何を持っているか，例を参考にパートナーに質問しましょう。

♪27 **会話例：**

Ⓐ Was hast du heute in der Tasche*?

Ⓑ Einen Regenschirm. Hast du auch einen Regenschirm in der Tasche?

Ⓐ Ja, ich habe heute auch einen Regenschirm in der Tasche.

＊ in der Tasche カバンの中に。前置詞は6課で学びます。

● テーマ 2：Geschenke

C.　今日は友達の誕生日です。会話を参考に何かをプレゼントしましょう。

♪28 **会話例：**

Ⓐ Ich gebe dir* den Kuli.　Ⓑ Danke. Er gefällt mir* gut!

Ⓐ Ich schenke dir die Uhr.　Ⓑ Ich danke dir. Ich finde sie sehr schön!

＊ dir は du の3格（君に），mir は ich の3格（私に）。人称代名詞は4課で学びます。

Kleine Wortübungen

＊ 仲間はずれの語を探しましょう。

1) Apfel　Wasser　Orange　Banane　　2) Fisch　Fleisch　Wurst　Schinken

3) Kuchen　Brot　Pizza　Ei　　　　　4) Kartoffel　Gemüse　Suppe　Zwiebel

＊ 食べ物，飲み物の好き嫌いや，食べる頻度についてパートナーと言い合いましょう。

Brot　Käse　Schinken　Wurst　Fleisch　Fisch　Obst

Gemüse　Kuchen　Schokolade　Wasser　Kaffee　Milch

> **TIPP**
> 好みや習慣などの話のとき，食べ物や飲み物には冠詞をつけません！

- Ich esse gern: ....
- Ich esse nicht gern: ....
- Ich trinke gern: ....
- Ich trinke nicht gern: ....
- Ich trinke oft: ....
- Ich trinke nie: ....

Landeskunde 3

ドイツへ移住する人々

次の文章を読んで，（　　）の中の選択肢□のうち，正しいと思う方にチェックをしましょう。

2019 年現在，ドイツ住民 8300 万人のうち，（□ 11%　□ 51%）の人々は外国の国籍をもっています。

そのうち，（□ポーランド　□トルコ）国籍の人々が最も多く，難民としてドイツに来た（□シリア　□イタリア）国籍の人々が次いで多くなっています。第二次世界大戦後から，トルコ，イタリア，ポルトガル出身の人々が移民としてドイツに住み，ドイツの経済成長を支えてきました。

その後，ドイツで生まれ育った 2 世，3 世が増え，今では「移民の背景をもつ住民」は，ドイツの総人口の約（□ 1 割　□ 3 割）を占めます。宗教や文化習慣の違いから，困難がうまれることもあります。しかし移民を背景とした人々の存在はすでにドイツ文化の一部となっています。世界三大映画祭すべてで賞を獲得したトルコ系ドイツ人監督（□クエンティン・タランティーノ　□ファティ・アキン）や，日独両言語で執筆する作家（□多和田葉子　□村上春樹）は，移民が「問題」ばかりではなく，ドイツ文化の多様性をうみだすこともしめしています。

1. 大学の昼休みに, メンザ（学生食堂）で Haruki と Sophie が話しています。正しいものに〇をつけましょう。

♪29　**Sophie:** Ich habe Hunger! Was (isst / esst) du heute?

Haruki: Ich esse Fisch und Gemüsesalat*. Und du?

Sophie: Ich esse Schweinefleisch* und Kartoffelsalat*. Ich kaufe auch einen Apfel und Wasser.

Haruki: (Isst / Esst) du immer Obst?

Sophie: Wir sagen*, ein Apfel am Tag* hält* gesund*. Ich esse oft auch einen Apfel zu Mittag*.

Haruki: Ach so. Sehr gut!

Sophie: Nach dem Essen* gehe ich einkaufen* Ich besuche morgen (ein Freund / einen Freund). Er hat morgen Geburtstag* und ich schenke ihm* ein Weinglas*. Er trinkt gern Wein zu Hause.

Haruki: Hat er (kein Weinglas / keinen Weinglas)?

Sophie: Doch, er hat ein Weinglas. Aber er sagt mir* manchmal, das Weinglas gefällt ihm nicht.

Gemüsesalat 野菜サラダ (Gemüse+ Salat) Schweinefleisch 豚肉 (Schwein + Fleisch)
Kartoffelsalat (Kartoffel + Salat) ポテトサラダ sagen 言う am Tag 一日に halten 保つ gesund 健康な
zu Mittag 昼食に nach dem Essen 食後に einkaufen 買い物をする Geburtstag 誕生日
ihm 彼に (代名詞 er の 3 格形) Weinglas ワイングラス (Wein + Glas)

---

2. 次の A ～ C の文章は, テクストの内容に合っていますか？ あてはまる方にチェックをしましょう。

	Richtig	Falsch
A：Sophie hat keinen Hunger.	☐	☐
B：Haruki isst heute Salat.	☐	☐
C：Sophie schenkt einer Freundin ein Weinglas.	☐	☐

家族・住居

この課で学ぶこと ▶ 2格の用法・複数形・人称代名詞

Familie

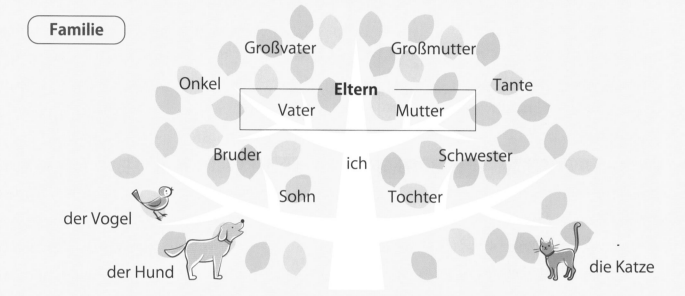

Großvater Großmutter

Onkel **Eltern** Tante

Vater Mutter

Bruder ich Schwester

Sohn Tochter

der Vogel

der Hund die Katze

Wohnung

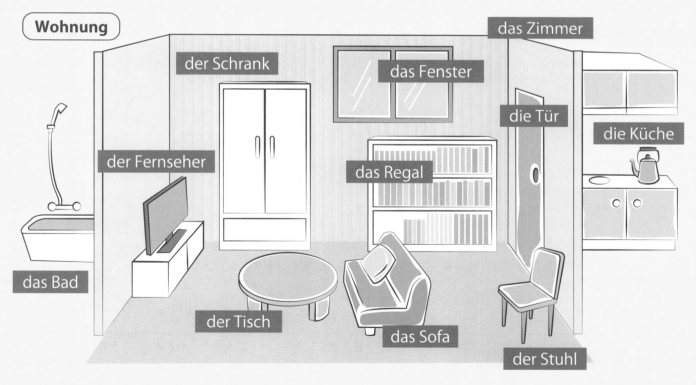

das Zimmer

der Schrank

das Fenster

die Tür

die Küche

der Fernseher

das Regal

das Bad

der Tisch

das Sofa

der Stuhl

● 声に出して練習してみましょう

♪ 30

Was schenkst du der Mutter?

Ich schenke ihr einen Stuhl.

♪31　(21) Das Regal des Mannes ist schon alt.
その男性の棚はもう古いです。

(22) Die Frau hat einen Bruder. Sie besucht ihn.
その女性には，兄（弟）がいます。彼女は彼を訪ねます。

(23) Was schenkst du der Frau?
君はその女性に何を贈るの？

– Ich schenke ihr einen Schrank ／ein Sofa.
私は彼女に戸棚／ソファを贈ります。

(24) Ich kaufe ein Kilo Kartoffeln, drei Zwiebeln und zehn Eier.
私はジャガイモ1キロ，玉ねぎ3つ，卵10個を買います。

文法説明

◈ 2格の用法

ドイツ語の名詞の2格（属格）は，日本語で「～の」という所有の意味を表します。格変化については，第2課の冠詞の変化表を見て確認しましょう。

Das Regal **des Mannes** ist schon alt.
その男性の棚はもう古いです。

Die Schwester **der Frau** ist Lehrerin.
その女性の姉（妹）は教師です。

◇ 括弧内に語を入れてみよう

Die Mutter (　　　　) Kindes ist Ärztin.
その子どもの母は医者です。

◈ 人称代名詞

第2課でもすでに学びましたが，既出の名詞や不特定のものを指す場合，代名詞が用いられ，名詞の性や数に応じて変化します。

Die Frau hat einen Bruder. **Sie** besucht **ihn**.
その女性には，兄（弟）がいます。彼女は彼を訪ねます。

たとえば，上の例の besuchen（訪ねる）という動詞は4格の目的語をとるので，男性名詞 Bruder を2文目に代名詞で置き換える場合には，三人称単数（男性）er の4格 ihn を用います。また，女性名詞 Frau は，2文目では1格の sie になります。

代名詞の格変化

格		一人称	二人称	三人称			二人称	一人称	二人称	三人称
			親称	男性	女性	中性	敬称	複数		
1	主格	ich	du	er	sie	es	Sie	wir	ihr	sie
3	与格	mir	dir	ihm	ihr	ihm	Ihnen	uns	euch	ihnen
4	対格	mich	dich	ihn	sie	es	Sie	uns	euch	sie

「～に～を」というように，文中に目的語が2つある場合，基本的には「3格，4格」の順になりますが，4格目的語が代名詞の場合には，「4格，3格」の順になります。

Ich gebe dem Bruder das Bett.

私はその兄（弟）にベッドをあげます。

Ich gebe ihm das Bett.

私は彼（兄弟）にそのベッドをあげます。

Ich gebe　<u>es</u>　<u>ihm</u>　　私は彼（兄弟）にそれ（ベッド）をあげます。

　　　　　4格　3格

◇ 括弧内に語を入れてみよう

A : Kennst du die Zeitung „die Zeit"?　　　君は『Die Zeit』という新聞を知っている？

B : Nein, ich kenne (　　　) nicht.　　　いいえ，私はそれ（新聞）を知りません。

A : Okay, ich zeige (　　　) (　　　).　　　そうですか，私が君にそれを見せよう。

◆ 男性弱変化名詞・複数形

男性名詞の中には，単数1格以外が -(e)n で終わるものがあり，**男性弱変化名詞**と呼ばれます。人や動物（たとえば，Löwe「ライオン」など）を意味する名詞が中心で，以下の表のような変化をします。

男性弱変化名詞

格	若者	大学生
1	der Junge	der Student
2	des Jung**en**	des Student**en**
3	dem Jung**en**	dem Student**en**
4	den Jung**en**	den Student**en**

複数形の定冠詞は，男性・女性・中性にかかわらず，**die** になります。名詞の複数形には以下の5つのパターンがあり，代表的な例を挙げておきます。無語尾型, -e 型では，幹母音に a, o, u, au があるとき，ウムラウトが付くことがあり，-er 型では，必ずウムラウトとなります。-s 型は比較的新しい時期の外来語に多く見られる形です。「-(e)n 型」「-s 型」以外の3格については語末に n が付きます（複数形の格変化については，第2課および第3課の変化表を参照）。

名詞の複数形

	単数	複数
無語尾型	der Onkel（おじ）	die Onkel
	der Bruder（兄・弟）	die Brüder
-e 型	der Tag（日）	die Tage
	der Arzt（医者）	die Ärzte
-er 型	das Kind（子ども）	die Kinder
	der Mann（男性）	die Männer
-(e)n 型	die Familie（家族）	die Familien
	die Frau（女性）	die Frauen
-s 型	das Sofa（ソファ）	die Sofas
	das Handy（携帯電話）	die Handys

Ich zeige **den Männern** die Wohnung.　私はその男性たちにその部屋を見せます。

♪32 **1）2格**　一人が左の単語を読み，一人が例にならって「これは〜の…です」という文を作りましょう。

der Tisch, der Onkel ➡ Das ist <u>der Tisch des Onkels</u>.

das Zimmer, die Freundin

der Fernseher, die Tochter

die Wohnung, der Vater

der Stuhl, das Kind

das Sofa, die Tante

2）人称代名詞の4格　一人が読み，一人が例にならって答えましょう。

Kennst du ihn?（彼女を）➡ Nein, aber ich <u>kenne</u> <u>sie</u>.

Liebst du mich?（彼らを）

Suchst du uns?（彼を）

Kennst du sie?（君たちを）

Fragen Sie ihn?（彼女に）

3）人称代名詞の3格　一人が読み，一人が例にならって下線部を人称代名詞に言い換えましょう。

<u>Das Sofa</u> gefällt <u>dem Vater</u>. ➡ Es gefällt <u>ihm</u>.

Der Nachbar hilft <u>der Großmutter</u>.

Die Mutter dankt <u>dem Sohn</u>.

Die Kaninchen gehören <u>dem Mädchen</u>.

Ich gebe <u>der Schwester</u> den Tisch.

Er schenkt <u>dem Kind</u> <u>das Regal</u>.

4）複数形　一人が読み，一人が例にならって下線部を複数形にし，全文を言い換えましょう。

<u>Das Kind</u> singt gern. ➡ Die Kinder singen gern.

<u>Der Sohn</u> hat jetzt einen Kuchen.

<u>Der Vogel</u> singt immer.

<u>Der Gast</u> öffnet die Tür.

<u>Der Gast</u> braucht <u>den Stuhl</u>.

<u>Das Kind</u> zeigt <u>dem Gast</u> ein Bild.　複数形の3格に注意！

Wortschatz 4　語彙リスト

（名詞でrは男性名詞，eは女性名詞，sは中性名詞，plは複数名詞を表す。/は「2格/複数形」を表す。）

♪33

家族・人々		
Bruder	名 r -s/Brüder	兄，弟
Eltern	名 pl	両親
Familie	名 e -/-n	家族
Gast	名 r -es/Gäste	客
Großmutter	名 e -/..mütter	祖母
Großvater	名 r -s/..väter	祖父
Junge	名 r -n/-n	少年
Leute	名 pl	人々
Dame	名 e -/-n	婦人
Mädchen	名 s -s/-	少女
Mensch	名 r -en/-en	人間
Nachbar, Nachbarin	名 r -n/-n, e -/-nen	隣人
Onkel	名 r -s/-	おじ
Person	名 e -/-en	人間
Schwester	名 e -/-n	姉，妹
Sohn	名 r -es/Söhne	息子
Tante	名 e -/-n	おば
Tochter	名 e -/Töchter	娘

ペット		
Hund	名 r -es/-e	犬
Kaninchen	名 s -s/-	家ウサギ
Katze	名 e -/-n	猫
Vogel	名 r -s/Vögel	鳥

住　居		
Bad	名 s -es/Bäder	風呂
Bett	名 s -es/-en	ベッド
Dach	名 s -[e]s/Dächer	屋根
Fenster	名 s -s/-	窓
Fernseher	名 r -s/-	テレビ
Haus	名 s -es/Häuser	家
	zu Hause 家で　*nach Hause* 家へ	
Küche	名 e -/-n	台所
Regal	名 s -s/-e	棚，本棚
Schrank	名 r -[e]s/Schränke	戸棚
Sofa	名 s -s/-s	ソファー

Stuhl	名 r -[e]s/Stühle	椅子
Tisch	名 r -es/-e	机，テーブル
Tür	名 e -/-en	ドア
Wohnung	名 e -/-en	住まい
Zimmer	名 s -s/-	部屋

4格と結びつく動詞		
backen	動	[4格]を（オーブンなどで）焼く
brauchen	動	[4格]を必要とする，用いる
fragen	動	[4格]に尋ねる
kennen	動	[4格]を知っている
legen	動	[4格]を置く
lieben	動	[4格]を愛する
öffnen	動	[4格]を開く
stellen	動	[4格]を立てる
suchen	動	[4格]を探す
waschen*	動	[4格]を洗う
zeichnen	動	[4格]（線で）を描く

（*は現在形で不規則変化をする）

副　詞		
wieder	副	再び

1．住まいや部屋にあるものの単語を基礎語彙のページや辞書で調べ，性別とともに書き出しましょう。

2．下記の例文を参考に，住まいについて，パートナーに紹介しましょう。

例：In der Wohnung habe ich ein Bad, eine Küche, ein Bett, einen Tisch und einen Stuhl. Aber ich habe keinen Fernseher und kein Sofa. Jetzt brauche ich einen Computer.

3．理想の部屋を考えて，枠内に見取り図を描きましょう。

1	2	3	4	5	6	7	8	9	10
11	12	13	14	15	16	17	18	19	20
21	22	23	24	25	26	27	28	29	30
31	32	33	34	35	36	37	38	39	40
41	42	43	44	45	46	47	48	49	50
51	52	53	54	55	56	57	58	59	60
61	62	63	64	65	66	67	68	69	70
71	72	73	74	75	76	77	78	79	80
81	82	83	84	85	86	87	88	89	90
91	92	93	94	95	96	97	98	99	100

例：

6	7	8	9
16	17	18	19

der Schrank

4．パートナーの理想の部屋について，何がどこにあるか質問しましょう。

会話例：

Ⓐ Hast du einen Tisch? Ⓑ Ja, ich habe einen Tisch in 8, 9, 10, 18, 19 und 20.

Ⓐ Hast du einen Computer? Ⓑ _____

Ⓐ Hast du eine Katze? Ⓑ _____

Kleine Wortübungen

＊ 次の語の複数形を確認しましょう。

Hund　Katze　Vogel　Bleistift　Bruder　Schwester　Smartphone

＊ 上の語彙を用いて，例にならって数を聞いてみましょう。

- Wie viele Katzen hast du zu Hause?　– Zwei Katzen.

Landeskunde 4

ドイツの家族

次の文章を読んで，（　　）の中の選択肢□のうち，正しいと思う方にチェックをしましょう。

　現在のドイツには様々な家族のかたちがあります。最近，伝統的な家族構成が少なくなってきたことをよく耳にします。子どものいるカップルが結婚届けを出さずに一緒に暮らすことも今では普通になってきています。2016 年では，子どものいる世帯のうち，（□ 2 分の 1　□ 10 分の 1）が結婚していないカップルの家庭です。ベルリンやハンブルクのような大都市では同性のカップルをよく目にします。ドイツでは，2001 年から同性カップルの法的承認として生活パートナーシップ法が導入され，2017 年からは同性のカップルにも婚姻が認められるようになりました。このように新しい家族のかたちが成立する一方で，高齢化の結果もあり，ひとり暮らしの世帯も増えています。全世帯の約（□ 1 割　□ 4 割）が単身世帯です。また，離婚率が高く，夫婦の約（□ 10 分の 1　□ 3 分の 1）は離婚しています。子どものいる世帯の約 2 割がひとり親の家庭ですが，片親のうち 10 人に 9 人は（□男性　□ 女性）で，その場合は経済状態の厳しい家庭が多いのが現状です。

＊ 世帯の構成などについての統計は，連邦統計局（Statistisches Bundesamt）のサイトで見ることができます：
https://www.destatis.de/DE/Home/_inhalt.html

Lesen 4   *Wir lesen Deutsch!*

1. 以下の文章を読み，下線部が指しているものが何かを答えましょう。

● A

♪34　Das sind die Stühle einer Angestellten*. Die Angestellte heißt Lisa. Sie hat zwei Stühle aber kein Sofa. Sie braucht ein Sofa, aber sie hat kein Geld. Sie lebt sparsam*. Sie kocht selbst* und geht selten ins Restaurant*. Endlich* kauft sie ein Sofa. <u>Es</u> ist klein und billig*. Aber es
①
gefällt <u>ihr</u> sehr gut. Sie sitzt häufig da* und hört Musik. Manchmal schläft sie dort*.
②

①＿＿＿＿＿＿＿　　②＿＿＿＿＿＿＿

● B

♪35　Das ist die Tasche eines Studenten. Sie gefällt <u>ihm</u> gut. Der Student heißt Julian und ist 18
①
Jahre alt*. Der Großvater schenkt <u>ihm</u> die Tasche.　Julian dankt <u>ihm</u> und trägt* <u>sie</u> immer.
②
Die Freunde sagen, „Sie ist aus der Mode*. Warum trägst du sie immer?" Er sagt, „Ich weiß das. Aber sie ist groß und stabil*. Sehr praktisch*."
③　　　　　　　④

①＿＿＿＿＿＿＿　　②＿＿＿＿＿＿＿　　③＿＿＿＿＿＿＿　　④＿＿＿＿＿＿＿

> Angestellte 会社員　sparsam 倹約的な　selbst 自分で　ins Restaurant レストランへ　endlich ついに　billig 安い
> da そこに　dort そこで　~Jahre alt sein 〜歳である　tragen 〜を持つ　aus der Mode 流行遅れの　stabil 丈夫な
> praktisch 実用的な

2. 次の A 〜 D の文章は，テクストの内容に合っていますか？ Richtig（正しい）と Falsch（間違っている），あてはまる方にチェックをしましょう。

	Richtig	Falsch
A：Die Frau hat zwei Sofas.	☐	☐
B：Die Frau kauft ein Sofa. Das Sofa gefällt ihr sehr gut.	☐	☐
C：Die Großmutter gibt dem Studenten eine Tasche.	☐	☐
D：Die Tasche gefällt den Freunden nicht.	☐	☐

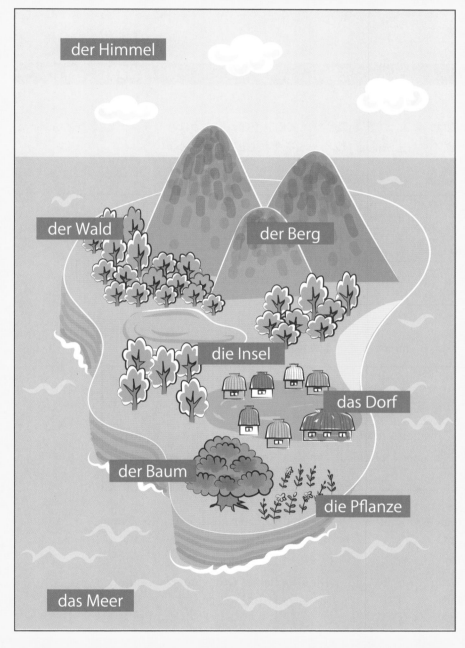

der Himmel

der Wald

der Berg

die Insel

das Dorf

der Baum

die Pflanze

das Meer

der Körper

der Kopf

die Hand

der Arm

das Bein

der Fuß

● 声に出して練習してみましょう

♪ 36

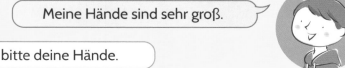

Meine Hände sind sehr groß.

Zeig mir bitte deine Hände.

♪37 **(25) Meine Großmutter gibt uns Äpfel.**
私の祖母は私たちにリンゴをくれます。

(26) Dieser Baum gefällt mir nicht.
その木は私の気に入りません。

(27) Zeig mir bitte deine Hände.
君の手を私に見せて。

文法説明

◇ **不定冠詞類 (2)：所有冠詞**

不定冠詞の格変化に類する所有冠詞は格によって形が変わり，変化は下の表のようになります。口語では unser と euer は語幹の e を省略するのが普通です（文法補足 112 ページを参照してください）。

所有冠詞

ich	mein（私の）	wir	unser（私たちの）
du	dein（君の）	ihr	euer（君たちの）
er	sein（彼の）	sie	ihr（彼らの・それらの）
sie	ihr（彼女の）	Sie	Ihr（あなたの・あなたたちの）
es	sein（それの）		

mein「私の」型の格変化

格	私の父 （男性）	私の母 （女性）	私の子ども （中性）	私の子どもたち （複数）
1	mein　Vater	meine Mutter	mein　Kind	meine　Kinder
2	meines Vaters	meiner Mutter	meines Kindes	meiner Kinder
3	meinem Vater	meiner Mutter	meinem Kind	meinen Kindern
4	meinen Vater	meine Mutter	mein　Kind	meine Kinder

Ihre Großmutter kennt **deine** Großmutter.
彼女の祖母は君の祖母を知っています。

Unser Großvater kennt **euren** Großvater.
私たちの祖父は君たちの祖父を知っています。

Mein Vater hilft **seinem** Vater.
私の父は彼の父を手伝っています。

Die Uhr **meines** Großvaters ist sehr alt.
私の祖父の時計はとても古いです。

Herr Tanaka und **seine** Frau geben **ihren** Kindern Schokolade.
田中さんと彼の妻は彼らの子供たちにチョコレートをあげます。

Deine Schwester zeigt uns **ihr** Zimmer.
君の姉は私たちに彼女の部屋を見せてくれます。

◆ 定冠詞類

定冠詞類とは，定冠詞に準じた変化をする語です。中でも，**welcher** は「どの，どれ」を，**dieser** は「この，これ」を意味し，以下のように使用されます。

Welcher Roman gefällt dir?　　－　　**Dieser** Roman gefällt mir.
どの小説が君の気に入っていますか？　　この小説を私は気に入っています。

定冠詞類の格変化

格		男性	女性	中性	複数
1	主格	dieser	diese	dieses	diese
2	属格	dieses	dieser	dieses	dieser
3	与格	diesem	dieser	diesem	diesen
4	対格	diesen	diese	dieses	diese

他にも，**jeder**「各々の」，**aller**「全ての」，**solcher**「このような，そのような」は，welcher や dieser と同じ変化をします。

◇ 括弧内に語を入れてみよう

(　　　　　　　) Buch liest du jetzt?　－　(　　　　　　　) Buch lese ich jetzt.
君は今どの本を読んでいますか？　　　　　　　この本を私は今読んでいます。

◆ 命令形

ドイツ語の命令形には，主語の人称に応じて三つのパターンがあります。

・親称 du に対する命令：動詞の語幹 **(+ -e)**　　　Komm(e)!

・親称 ihr に対する命令：動詞の語幹 **+ -t**　　　Kommt!

・敬称 Sie に対する命令：動詞の不定詞 **+ Sie**　　　Kommen Sie!

語幹が -t, -d で終わる動詞は，du に対する命令形の語尾に -e が付きます。幹母音が e から i/ie に変化する不規則変化の動詞は，du の現在人称変化語尾 -st（もしくは -t）を除いた形が命令形となります。命令文に bitte を添えると命令調を和らげることができます。

Warte mal!　　　　Sprich laut!　　　　Bitte kommen Sie in meine Wohnung!
ちょっと待って！　　大きな声で話しなさい！　私の部屋にぜひお越しください！

sein 動詞は，du には **sei**，ihr には **seid**，Sie には **seien** というように，不規則な変化をします。

◇ 括弧内に語を入れてみよう

(　　　　　　　) mal zu mir! (kommen)　（親称 du に対して）
うちにおいで！

(　　　　　　　) Sie mal bitte! (warten)
少しお待ちください。

Bitte (　　　　　　　) mir!　(helfen)　（親称 du に対して）
私を助けて！

(　　　　　　　) Sie gesund!　(sein)
どうかお元気で！

♪38 **1）所有冠詞1** 一人が左の文を読み，一人が例にならって言い換えましょう。

Die Nase ist klein. **(dein)** ➡ Deine Nase ist klein.

Das Herz ist stark. **(mein)**

Der Sohn ist müde. **(ihr)**

Die Tante ist krank. **(unser)**

Die Augen sind schön. **(sein)**

Die Beine sind schlank. **(euer)**

2）所有冠詞2 一人が左の文を読み，一人が例にならい下線に入れて答えましょう。

Wem gehört der Computer?（mein Sohn）➡ Er gehört meinem Sohn.

Wem gehört die Wohnung?（meine Töchter） Sie gehört _____.

Wem hilft dein Bruder?（sein Freund） Er hilft _____.

Wem gefällt der Berg?（ihre Mutter） Er gefällt _____.

Wem gefällt die Insel?（meine Kinder） Sie gefällt _____.

複数形の3格に注意！

3）定冠詞類 一人が読み，一人が例にならって言い換えましょう。

<u>Die</u> Berge sind hoch.（aller）➡ <u>Alle</u> Berge sind hoch.

<u>Der</u> Student hat Angst.（jeder）

Ich besuche <u>das</u> Dorf.（dieser）

<u>Die</u> Pflanze ist tot.（dieser）

Ich kenne <u>die</u> Insel.（dieser）

4）命令形 一人が読み，一人が例にならって言い換えましょう。

Du arbeitest fleißig. ➡ Arbeite fleißig!

Sie zeigen mir den Baum.

Du hilfst deinem Vater.

Sie sehen den Himmel.

Du gibst dem Kind dein Heft.

Sie sind vorsichtig.

Wortschatz 5 語彙リスト

（名詞で r は男性名詞，e は女性名詞，s は中性名詞，pl は複数名詞を表す。/ は「2 格 / 複数形」を表す。）

39

自 然

Baum	名 r -es/Bäume	木
Berg	名 r -es/-e	山
Dorf	名 s -es/Dörfer	村
Erde	名 e -/	地球，地面
Himmel	名 r -s/	空，天国
Insel	名 e -/-n	島
Land	名 s -es/Länder	土地, 田舎, 国
Meer	名 s -es/-e	海
Natur	名 e -/	自然
Pflanze	名 e -/-n	植物
Regen	名 r -s/	雨
Schnee	名 r -s/	雪
Umwelt	名 e -/	環境
Wald	名 r -es/Wälder	森
Wetter	名 s -s/-	天気
Wind	名 r -[e]s/-e	風
bewölkt	形	曇った
heiß	形	暑い
hoch	形	高い
kalt	形	寒い，冷たい
kühl	形	涼しい
sonnig	形	よく晴れた
warm	形	暖かい

副 詞

| bitte | 副 | （命令文で）どうぞ |
| mal | 副 | （命令文で）ちょっと |

心 身

Angst	名 e -/Ängste	不安, 心配
Arm	名 r -es/-e	腕
Auge	名 s -s/-n	目
Bein	名 s -[e]s/-e	足, 脚
Fuß	名 r -es/Füße	足
Gesicht	名 s -s/-er	顔
Haar	名 s -es/-e	毛
Hand	名 e -/Hände	手

Herz	名 s -ens/-en	心臓, 心
Kopf	名 r -es/Köpfe	頭
Körper	名 r -s/-	体
Liebe	名 e -/	愛
Mund	名 r -[e]s/Münder	口
Nase	名 e -/-n	鼻
Ohr	名 s -[e]s/-en	耳
Zahn	名 r -[e]s/Zähne	歯
dick	形	太った, 厚い
gesund	形	健康な
krank	形	病気の
müde	形	疲れた, 眠い
schlank	形	ほっそりした
schwach	形	弱い
stark	形	強い
tot	形	死んだ
vorsichtig	形	用心深い

1. 次の絵は，ドイツのロマン主義絵画を代表する画家カスパー・ダーヴィト・フリードリヒ（Caspar David Friedrich, 1774 - 1840）の作品です。①絵の中に描かれている自然や身体に関する単語を書き出し，② 絵画に描かれているものについて，会話例を参考にパートナーと話しましょう。

A 雲海の上の旅人

B リューゲン島の白亜岩

会話例：Ist das eine Insel? – Ja, das ist eine Insel.

Was ist das? – Das ist ein Meer.

2. 顔の輪郭を選び，パートナーの言うとおりに顔を描いてみましょう。

会話例：Zeichnen Sie bitte eine Nase hier!   Zeichnen Sie auch Augenbrauen（まゆげ）!

Kleine Wortübungen

＊ 次のドイツ語は，有名な映画や小説のタイトルです。日本ではどのようなタイトルで知られているでしょうか。

① Das Schloss im Himmel ＿＿＿＿＿＿＿＿＿＿＿＿＿＿＿＿＿（Schloss：城）

② Chihiros Reise ins Zauberland ＿＿＿＿＿＿＿＿＿＿＿＿＿＿（Zauber：魔力，不思議）

③ Der Zauberberg ＿＿＿＿＿＿＿＿＿＿＿＿＿＿＿

④ Der alte Mann und das Meer ＿＿＿＿＿＿＿＿＿＿＿＿＿＿

Landeskunde 5

ドイツの森

次の文章を読んで，（　　）の中の選択肢□のうち，正しいと思う方にチェックをしましょう。

　ドイツ人にとって森は特別な場所です。ドイツ市民は森を愛し，都市の多くは森で囲まれています。ドイツ南西部の街フライブルク近郊に広がる（□緑の森　□黒い森）は，夏には散歩やハイキング，冬にはクロスカントリーの人で賑わいます。昔からドイツでは，森は建築物や船舶建造のための資源として利用されてきました。しかし同時に，森と隣り合って生活するドイツ人には，精神的な拠り所でもありました。19世紀の（□ロマン主義　□リアリズム）といわれる文学や絵画の作品には，森がノスタルジックで神話的に描かれ，日常とは異なる美しい原風景として捉えられました。ドイツの（□アンデルセン童話　□グリム童話）でも森は，魔女や小人が住む異世界のように描かれ，「古のドイツ」のすがたとしてあらわれます。ナポレオン占領下のドイツは，（□フランス革命　□解放戦争）をとおして，森のすがたを，隣国フランスとは異なる文化的アイデンティティにつくりあげました。ナチス・ドイツは，こうした「美しい森」の保護を世界に先駆けて法制化しましたが，その思想的背景には人種主義がありました。（□フランス人　□ユダヤ人）は，ドイツ民族の故郷としての森を破壊する「砂漠の民」のイメージに捉えられました。このように，「美しい森」は人種差別的な敵対感情の源泉として利用されることもあったのです。

Hiking through the Schwarzwald in Germany
Reto Andreas Meier © 123RF.com

1. 以下の文章を読みましょう。括弧内の所有冠詞や命令形では，正しい方に〇をつけましょう。

♪40   Wir wohnen in Berlin. Berlin ist eine Großstadt*, aber dort gibt* es auch Wälder. (Unser / Unseres) Haus liegt* an einem Wald*. Unser Nachbar heißt Martin Rau. Unsere Katze Milo besucht oft den Garten (seine / seiner) Wohnung. Wir haben auch einen Hund. Sein Name ist Dino. Er spaziert gern im Wald*. Aber er geht manchmal zu* schnell* oder zu langsam*. Dann sagen wir ihm, „(Komm! / Kommt!)" „(Warte / Wartet) mal!" „(Sei / Seid) vorsichtig!" oder „(Geh / Geht) immer auf den Waldwegen*! " Nicht nur Dino, sondern auch* wir lieben diesen Wald. Im Wald suchen wir Kräuter* und machen Kräutertee*. Wir besuchen heute unseren Nachbarn und schenken ihm unseren Kuchen und Kräutertee. Denn* heute ist der Geburtstag unseres Nachbarn.

> Großstadt 大都市 (groß + Stadt)   es gibt + 4 格 ～がある   liegen ～に位置する   an einem Wald 森のそばに
> im Wald 森の中で   zu あまりにも～すぎる   schnell 速い   langsam ゆっくりと   auf den Waldwegen 森の道を
> nicht nur (A) sondern auch (B) A だけではなく B もまた   Kraut 薬草・ハーブ   Kräutertee ハーブティー
> denn というのも

2. 次の A ～ E の文章は，テクストの内容に合っていますか？ あてはまる方にチェックをしましょう。

	Richtig	Falsch
A：Der Name unserer Katze ist Martin.	☐	☐
B：Unser Hund spielt gern mit Milo.	☐	☐
C：Der Wald gefällt unserem Hund.	☐	☐
D：Heute hat unser Nachbar seinen Geburtstag.	☐	☐
E：Der Nachbar schenkt uns Kräutertee.	☐	☐

● 声に出して練習してみましょう

♪ 41

Die Katze ist auf dem Dach.
Das Kind ist vor dem Haus.
Wo ist der Hund?

Der Hund ist im Haus.
Die Frau ist neben dem Haus.
Das Kaninchen ist zwischen den Bäumen.
Wo ist der Vogel?

Grammatik 6　前置詞

(28) Wo ist das Hotel? – Es ist in der Stadt.
そのホテルはどこにありますか？　それは街のなかにあります。

(29) Wohin stellen Sie den Fernseher? – Ich stelle ihn neben das Regal.
あなたはそのテレビをどこに置きますか？　　　私はそれを棚の横に置きます。

(30) Was macht ihr jetzt? – Wir gehen ins Kino.
君たちは今なにをするの？　　　私たちは映画館へ行きます。

(31) Woher kommt Frau Meier? – Sie kommt aus der Schweiz.
マイアーさんはどこの出身ですか？　　　彼女はスイス出身です。

(32) Wie komme ich zur Post? – Gehen Sie nach links und dann geradeaus.
郵便局へはどうやって行けますか？　　　左に曲がって、それから真っ直ぐ行ってください。

文法説明

◇ **前置詞**

ドイツ語では，前置詞によって後ろに来る名詞の格が異なります。

前置詞の格支配

３格のみをとる前置	４格のみをとる前置詞
aus（〜から）　bei（〜のもとで，〜で） nach（〜の後で，〜へ）　zu（〜へ） von（〜の，〜から）mit（〜と一緒に） seit（〜以来）gegenüber（〜と向かい合って）	durch（〜を通って）　für（〜のために） gegen（〜に対して）　ohne（〜なしで） um（〜の周りに）　　bis（〜まで）
３格と４格をとる前置詞	
an（〜のきわ）　auf（〜の上）　hinter（〜の後ろ）　in（〜の中）　neben（〜の隣） über（〜を超えて）　unter（〜の下）　vor（〜の前）zwischen（〜の間）	

・３格のみ，４格のみをとる前置詞

たとえば，mit dem Handy（携帯電話を使って）のように，前置詞 **mit** は３格のみをとるため，中性名詞 das Handy の３格 dem Handy をとります。それに対して **durch** は４格のみをとるので，durch die Stadt（街を通って）のように，女性名詞 die Stadt の４格をとります。

・３格と４格をとる前置詞

この 3, 4 格支配の前置詞は「上」や「横」などの位置関係を表す前置詞で，前置詞句が場所を示すときは，名詞は３格となります。一方，前置詞句が方向を示すときは，４格をとることになります。

a. Wo ist das Hotel? –Es ist **in der Stadt**.　　　b. Wohin gehen Sie? –Ich gehe **in die Stadt**.

(a) の場合，「そのホテルがどこ (wo) にあるのか」という問いに対して，ホテルが**位置**している場所を答えているため，in **der** Stadt（街の中に）というように，３格を用います。それに対して，(b) の「あなたはどこへ (wohin) 行くのか」という問いでは，「街へ行く」という行為には移動が伴うため，方向を示す４格である in **die** Stadt（街の中へ）を使います。

◇ **括弧内の語を変化させてみよう**

bei (　　　　　) Firma (eine) ／ für (　　　　　) Großvater (mein) ／ Michael steht vor (　　　　　) Tor. (das)
ある会社で　　　　　　　　　　　　私の祖父のために　　　　　　　　　　　ミヒャエルは門の前に立っています。

◇ **前置詞の融合**

前置詞の後ろに現れる名詞の指示性が弱い（特定のものを指していない）場合や慣用的な言い回しの場合には，前置詞と定冠詞が融合します。

前置詞の融合の例

am (an dem)	ins (in das)
ans (an das)	vom (von dem)
beim (bei dem)	zum (zu dem)
im (in dem)	zur (zu der)

Wir gehen **ins** Kino.　　　　　Konstanz liegt **am** See.　　　　　Wie komme ich **zur** Post?
私たちは映画館へ行きます。　　　コンスタンツ (街) は湖沿いにあります。　郵便局へはどうやって行けますか？

以下の例のように，融合が可能なときに融合形を使わない場合，定冠詞の指示的な度合いが強くなり，会話やテキストの中でその名詞は特定のものを指すことになります。

Das Hotel Imperial ist ein Hotel in Wien.　　Wie komme ich **zu dem** Hotel?
インペリアルは，ウィーンにあるホテルです。　　（その）ホテルへはどうやって行けますか？

◇ **前置詞と人称代名詞**

前置詞の目的語が人称代名詞のとき，「da + 前置詞」の形が用いられます。以下のように，既出の ein Handy がもう一度言及されるとき「mit + その携帯電話」を表す **damit** が使われています。

Peter hat ein Handy und schreibt **damit** eine Mail.
ペーターは携帯電話を持っていて，それ（その携帯電話）を使ってメールを書く。

Peter ist mein Freund.　Ich fahre **mit ihm** nach Zürich.
ペーターは私の友人です。　私は彼と一緒にチューリヒへ行きます。

> **TIPP**
> 代名詞が人の場合は da + 前置詞にはなりません！

他にも，**dabei** (da + bei) や **danach** (da + nach) などがあり，母音で始まる前置詞のときには，da- は dar- となり，たとえば **darauf** (da + auf) や **darüber** (da + über) のようになります。また，für was「何のために」のように，前置詞の目的語が疑問詞のときには，**wofür** となり，von was は **wovon**，mit was は **womit** のように使用されます。

◇ **括弧内の語を用いて，例にならって言い換えてみよう**

例：Wo ist das Buch? –Es ist auf dem Tisch.

1) die Kirche, vor, das Krankenhaus

2) das Museum, neben, die Bank

例：Was macht ihr jetzt? –Wir gehen ins Kino.

1) in, der Park

2) zu, der Supermarkt

♪43　**1）前置詞1**　例にならって一人が聞き，一人が答えましょう。

das Gebäude ➡ Wer kommt <u>aus dem Gebäude</u>? – Meine Mutter kommt <u>aus dem Gebäude</u>.

die Kirche　Wer kommt ＿＿＿＿＿＿＿? Mein Bruder kommt ＿＿＿＿＿＿.

das Krankenhaus　Wer kommt ＿＿＿＿＿＿? Herr Müller kommt ＿＿＿＿＿.

der Supermarkt　Wer kommt ＿＿＿＿＿＿? Mein Kind kommt ＿＿＿＿＿.

2）前置詞2　例にならって一人が聞き，一人が答えましょう。

Wie komme ich zur Post?（nach links）➡ Gehen Sie nach links!

Wie komme ich zur Information?（nach rechts）

Wie komme ich zum Büro?（geradeaus）

3）4格支配の前置詞　一人が左の文を読み，一人が例にならって答えましょう。

Singst du für <u>sie</u>?（er）➡ Nein, ich singe für <u>ihn</u>.

Kochst du für <u>deine Großmutter</u>? (mein Sohn)

Ist der Kuchen für <u>mich</u>? (wir)

Gehen Sie durch <u>die Stadt</u>? (der Wald)

4）3, 4格支配の前置詞1　一人が左の文を読み，一人が例にならって答えましょう。

Wo ist dein Hund? (vor, das Tor) ➡ Er ist vor dem Tor.

Wo ist deine Mutter? (in, die Firma)

Wo ist das Geschäft? (an, die Ecke)

Wo ist die Polizei? (an, der Fluss)

5）3, 4格支配の前置詞2　一人が左の文を読み，一人が例にならって答えましょう。

Wohin geht dein Freund? (vor, das Haus) ➡ Er geht vor das Haus.

Wohin geht deine Freundin? (über, die Brücke)

Wohin geht deine Katze? (neben, der Baum)

Wohin gehen Sie? (in, der Supermarkt)

Wortschatz 6　語彙リスト

（名詞で r は男性名詞，e は女性名詞，s は中性名詞，pl は複数名詞を表す。/ は「2 格 / 複数形」を表す。）

44

施設・建物			
Bank	名 e -/-en		銀行
Brücke	名 e -/-n		橋
Büro	名 s -s/-s		事務所
Café	名 s -s/-s		喫茶店
Firma	名 e -/Firmen		会社
Fluss	名 r -es/Flüsse		川
Gebäude	名 s -s/-		建物
Geschäft	名 s -s/-e		店
Hotel	名 s -s/-s		ホテル
Information	名 e -/-en		案内所，情報
Kino	名 s -s/-s		映画館
Kirche	名 e -/-n		教会
Krankenhaus	名 s -es/..häuser		病院
Markt	名 r -es/Märkte		市場，広場
Museum	名 s -s/Museen		博物館，美術館
Park	名 r -s/-s		公園
Platz	名 r -es/Plätze		広場，場所
Polizei	名 e -/		警察（署）
Post	名 e -/		郵便局
Rathaus	名 s -es/..häuser		市役所
Restaurant	名 s -s/-s		レストラン
Schloss	名 s -es/Schlösser		城
See	名 r -s/-n 湖　e -/ 海		
Stadt	名 e -/Städte		街，市
Straße	名 e -/-n		通り
Supermarkt	名 r -[e]s/..märkte		スーパーマーケット
Theater	名 s -s/-		劇場
Tor	名 s -[e]s/-e		門
Weg	名 r -es/-e		道

道案内			
Ecke	名 e -/-n		角，隅
	an der Ecke 角に		
Richtung	名 e -/-en		方向
	in Richtung Norden 北の方向に		
Seite	名 e -/-n		面，側
	auf der rechten/linken Seite 右／左側に		
Norden	名 r -s/		北
	von Norden 北から *nach Norden* 北へ		

Osten	名 r -s/	東
Süden	名 r -s/	南
Westen	名 r -s/	西
fern	形	遠い
nahe	形	近い
dort	副	あそこに
geradeaus	副	まっすぐに
hier	副	ここに
link	形	左の
	auf der linken Seite 左側に	
links	副	左に
recht	形	右の
	auf der rechten Seite 右側に	
rechts	副	右に

買い物		
Euro	名 r -/-[s]	ユーロ
bezahlen	動	[4 格] の代金を支払う
kosten	動	[4 格] の値段である
billig	形	安い
teuer	形	高い

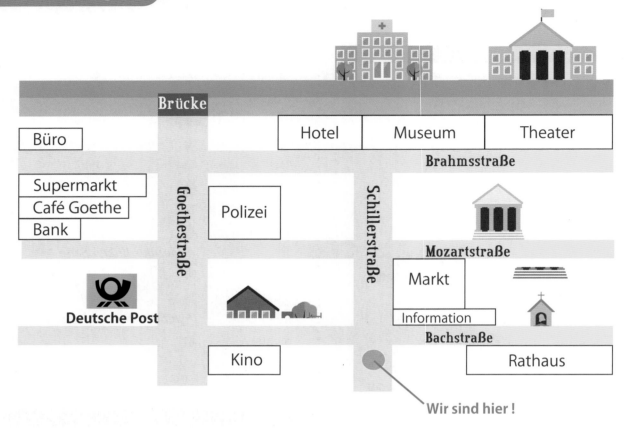

1. 上の地図を見ながら，行きたい場所をパートナーに聞いてみましょう。パートナーは、会話例を参考に道を案内してみてください。

♪ 45 　会話例：

Ⓐ Wie komme ich zur Post?

Ⓑ Gehen Sie nach links und die Bachstraße geradeaus. Die Post ist auf

der rechten Seite*.　　　　　　　*Auf der rechten (linken) Seite　右側 (左側) に

2. 下記の会話 A を読んで，空欄に入る施設は何か考えましょう。会話 B では，空欄に入る語を一番下の選択肢の中から選びましょう。

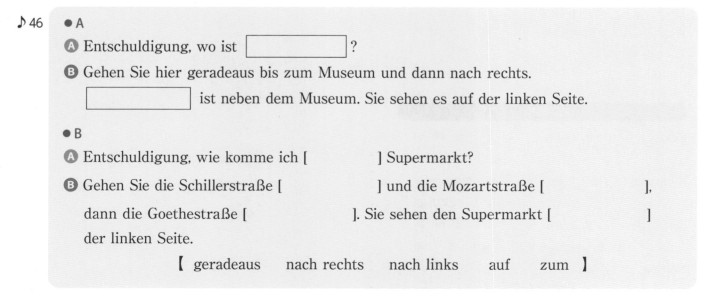

♪ 46 　● A

Ⓐ Entschuldigung, wo ist ⬚ ?

Ⓑ Gehen Sie hier geradeaus bis zum Museum und dann nach rechts.

⬚ ist neben dem Museum. Sie sehen es auf der linken Seite.

● B

Ⓐ Entschuldigung, wie komme ich [　　　] Supermarkt?

Ⓑ Gehen Sie die Schillerstraße [　　　　] und die Mozartstraße [　　　　],

dann die Goethestraße [　　　　　]. Sie sehen den Supermarkt [　　　　]

der linken Seite.

【 geradeaus 　 nach rechts 　 nach links 　 auf 　 zum 】

58

Landeskunde 6

ドイツの街路

ドイツの街を歩くと，いろいろな看板に出会います。下の写真 ①〜⑩ は，それぞれ何の看板でしょうか。次の文中のＡ〜Ｊに当てはまる写真を選びましょう。

　ドイツの商店は小さな看板で飾られていることがあります。たとえば，【Ａ　　　】はパン屋（Bäckerei）の看板で，ブレーツェルというパンの形を表しています。たいていの薬屋（Apotheke）の店先には【Ｂ　　　】の看板が出ています。S 字型に描かれている動物は蛇（Schlange）で，脱皮して若返ることなどから，薬効を象徴しています。【Ｃ　　　】のロゴと紛らわしいですが，こちらはジョブセンター（Arbeitsamt）です。【Ｄ　　　】は郵便局（Post）のしるし。民営化以前のロゴ【Ｅ　　　】を見ると，ホルンという楽器をかたどっていることが分かります。ホルンは，昔，郵便配達人が使っていた道具でした。長距離旅行をするときには，【Ｆ　　　】のロゴでおなじみのドイツ鉄道（Deutsche Bahn）を利用します。駅のアナウンスで良く聞く単語は「お詫びします」（Entschuldigung），電光表示板を見あげると，そこには「遅延」（Verspätung）の文字。同じレールを利用している都市近郊鉄道（S-Bahn）【Ｇ　　　】や地下鉄（U-Bahn）【Ｈ　　　】もしばしば遅延します。バスや市電も，時間どおりに停留所（Haltestelle）【Ｉ　　　】に来るとは限りません。その間にトイレ【Ｊ　　　】をすませることにしましょう。

①

②

③

④

⑤

⑥

⑦

⑧

⑨

⑩

1. ハイデルベルクの市街図を見ながら,次のテクストを読み,下の問いに答えましょう。

♪47   Das ist ein Stadtplan* von Heidelberg. In der Mitte* der Stadt fließt* der Neckar* von Osten nach Westen. Über dem Fluss* steht die Alte Brücke*. Dort machen Touristen aus Europa und Asien* Fotos. Südlich* vom Fluss ist die Altstadt*. In der Hauptstraße* der Altstadt sind Modegeschäfte* und Restaurants. Hier sind auch Gebäude der Universität. Am östlichen* Ende* der Hauptstraße steht das Schloss Heidelberg hoch auf dem Berg. Im Süden der Altstadt und im Norden des Flusses sind Wälder. Im Westen sind Krankenhäuser nördlich* vom Fluss und Wohnhäuser* südlich vom Fluss.

> Stadtplan 市街図 Mitte 中央 fließen 流れる Neckar ネッカー川 Fluss 川
> Alte Brücke アルテ・ブリュッケ（「古い橋」の意。固有名詞）Asian アジア südlich 南の
> Altstadt 旧市街 Hauptstraße 大通り Modegeschäfte ブランドショップ
> Universität 大学 östlich 東の Ende 終わり nördlich 北の Wohnhaus 住宅

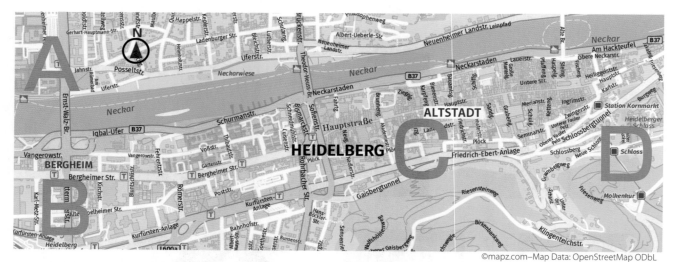

©mapz.com–Map Data: OpenStreetMap ODbL

2. 括弧内に地図上の該当する地域A 〜D のどれかを選んで入れましょう。

1. Das Schloss Heidelberg steht in (   ).

2. Krankenhäuser sind in (   ).

3. Geschäfte und Restaurants liegen in (   ).

4. Wohnhäuser sind in (   ).

交 通

この課で学ぶこと ▶ 分離・非分離動詞

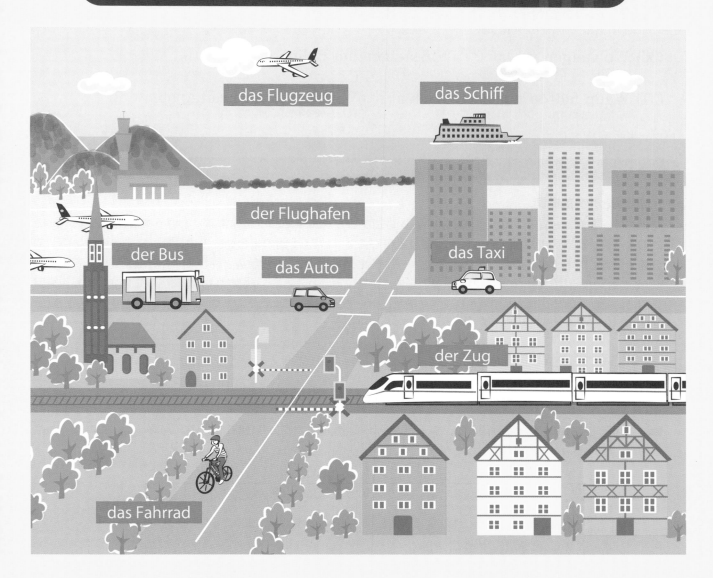

das Flugzeug

das Schiff

der Flughafen

der Bus

das Auto

das Taxi

der Zug

das Fahrrad

● 声に出して練習してみましょう

♪ 48

Was machst du am Samstag?

Ich fahre mit dem Zug nach Konstanz.

Ich besuche ein Museum am See.

Kommst du auch?

Ja, gerne. Wann fahren wir nach Konstanz ab?

Grammatik 7　分離・非分離動詞

♪49

(33) **Wann stehst du auf?** –Ich stehe jeden Morgen um 7 Uhr auf.
君は何時に起きるの？　　　　　　　私は毎朝7時に起床します。

(34) **Wann kommen Sie in Zürich an?** –Ich komme um 12 Uhr an.
あなたはいつチューリッヒに着きますか？　　　　私は12時に到着します。

(35) **Wann besuchst du deinen Großvater?** –Im Juni besuche ich ihn.
君はおじいちゃんをいつ訪ねるの？　　　　　　　　私は6月に彼を訪ねます。

(36) **Wo steigen wir aus?** –Wir steigen am Bahnhof Kyoto aus.
私たちはどこで降りますか？　　　　私たちは京都駅で降ります。

(37) **Wann fahren wir nach Wien ab?** –Wir fahren am Freitag ab.
私たちはいつウィーンへ出発しますか？　　　　私たちは金曜日に出発します。

文法説明

◈ **分離動詞と非分離動詞**

たとえば，動詞 stehen（立つ）の前に，auf を付加すると，aufstehen（起床する）という複合動詞になります。このように，動詞の前に加えるものを**前綴り**と呼びます。ドイツ語の複合動詞の中には，文中の形式に応じて分離できるものと分離できないものがあり，それぞれ**分離動詞，非分離動詞**と呼びます。分離動詞は，下記 a の aufstehen のように，主文の動詞の現在形として二番目に置かれるとき，前綴りは文末に出現します。また，分離動詞の前綴りにはアクセントが置かれます。それに対して，非分離動詞は，下記 b の besuchen（訪問する）のように，前綴りが分離することはなく，アクセントも置かれません。

a. Ich **stehe** jeden Morgen um 7 Uhr **auf**.　私は毎朝7時に起床します。

b. Im Juni **besuche** ich meinen Großvater.　私は6月に祖父を訪ねます。

他にも代表的な分離・非分離動詞には，以下のような動詞があります。非分離動詞となる前綴りは，主に be-, emp-, ent-, er-, ge-, ver-, zer- があります。

分離動詞		非分離動詞	
ab|fahren	（乗り物で）出発する	bekommen	受け取る
an|fangen	始める，始まる	bestellen	注文する
an|kommen	到着する	bezahlen	支払う
an|rufen	電話をかける	erklären	説明する
aus|steigen	（乗り物から）降りる	vergessen	忘れる
ein|steigen	（乗り物に）乗る	verkaufen	売る
vor|stellen	紹介する	verstehen	理解する
		versuchen	試みる

◇ **括弧内の語を用いて，文を完成させよう**

Er ＿＿＿＿＿＿＿ nach Frankfurt ＿＿＿＿. (abfahren) 彼はフランクフルトへ出発します。

In einer Stunde ＿＿＿＿＿＿＿ wir aus dem Zug ＿＿＿＿. (aussteigen) 私たちはあと一時間で電車を降ります。

◇ 時間の表現

「～時に」ということを表現したい場合，数字の前に前置詞 **um** を置きます。たとえば「7 時に」は，um 7 Uhr となります。また，7 時 10 分のような場合には，7 Uhr 10 (zehn) と表すか，もしくは，口語では，10 **nach** 7（7 時 10 分過ぎ）という表現が好まれます。6 時 50 分は，10 **vor** 7（7 時 10 分前）となります。15 分の場合には，英語で quarter に当たる **Viertel**（4 分の 1）をよく用います。30 分の場合には，halb を使い，halb 8（7 時半）で，8 時まであと 30 分のような表現となります。

Uhr（時間）

7 Uhr	7 時 00 分		
6 Uhr 50, 10 vor 7	6 時 50 分	7 Uhr 10, 10 nach 7	7 時 10 分
6 Uhr 45, Viertel vor 7	6 時 45 分	7 Uhr 15, Viertel nach 7	7 時 15 分
halb 8	7 時 30 分		

Ich komme **um 12 Uhr** in Zürich an.　私は 12 時にチューリヒに到着します。

◇ 曜日と月の表現

「～曜日に」という場合には，前置詞 **am** を，「～月に」は，**im** を使います。（第 6 課の「前置詞の融合」を参照）

Tag（日）・Woche（週）

Montag	月曜日	Dienstag	火曜日	Mittwoch	水曜日	Donnerstag	木曜日
Freitag	金曜日	Samstag	土曜日	Sonntag	日曜日		

Wir fahren **am Freitag** nach Wien ab.　私たちは金曜日にウィーンへ出発します。

Monat（月）・Jahr（月）

Januar	1 月	Februar	2 月	März	3 月	April	4 月
Mai	5 月	Juni	6 月	Juli	7 月	August	8 月
September	9 月	Oktober	10 月	November	11 月	Dezember	12 月

Im Dezember besuche ich meine Tante.　私は 12 月に叔母を訪ねます。

◇ 括弧内に語を入れてみよう

Wir kommen (　　　　　) (　　　　　) (　　　　　) in Berlin an.
私たちは 11 時にベルリンに到着します。

Sie bekommen (　　　　) (　　　　　　　) ein Ticket nach Düsseldorf.
あなたは木曜日にデュッセルドルフ行きのチケットを受け取ります。

♪50 **1）時刻の言い方** 一人が左を読み，一人が例にならって言い換えましょう。

neun Uhr zehn ➡ zehn nach neun

neun Uhr fünf

sechs Uhr fünfzehn

acht Uhr fünfzig

sieben Uhr dreißig

elf Uhr dreißig

2）分離動詞 一人が左の語句を読み，一人が例にならって文を言いましょう。

sofort aufstehen ➡ Ich stehe sofort auf.

gleich ausgehen

schnell einsteigen

langsam aussteigen

3）時刻，分離動詞 一人が左の文を読み，一人が例にならい答えましょう。

Wann kommt der Zug an?（12:30）➡ Er kommt um halb eins an.

Wann fährt der Bus von der Haltestelle ab?（8:30）　Er _____.

Wann kommt das Schiff im Hafen an?（5:10）　　　Es _____.

Wann steigst du aus?（9:15）　　　Ich _____.

Wann geht ihr aus?（9:45）　　　Wir _____.

4）曜日，分離動詞 一人が読み，一人が例にならって言い換えましょう。

Am Montag bekomme ich einen Brief. (Dienstag, du)

➡ Am Dienstag bekommst du einen Brief.

Am Montag sehe ich fern. (Dienstag, du)

Am Freitag lerne ich die Familie Müller kennen. (Donnerstag, Sie)

Am Samstag kaufe ich im Supermarkt ein. (Sonntag, mein Vater)

Am Sonntag rufe ich einen Freund an. (Montag, du)

Wortschatz 7 語彙リスト

（名詞で r は男性名詞，e は女性名詞，s は中性名詞，pl は複数名詞を表す。/ は「2 格 / 複数形」を表す。）

51

交　通			
Auto	名 s -s/-s	自動車
Bahn	名 e -/-en	鉄道
Bahnhof	名 r -s/..höfe	駅
Bus	名 r -ses/-se	バス
Fahrrad	名 s -es/..räder	自転車
Flughafen	名 r -s/..häfen	空港
Flugzeug	名 s -s/-e	飛行機
Hafen	名 r -s/Häfen	港
Haltestelle	名 e -/-n	（バス・路面電車の）停留所
Schiff	名 s -es/-e	船
Taxi	名 s -s/-s	タクシー
Ticket	名 s -s/-s	乗車券
Tour	名 e -/-en	遠足，ドライブ
Tunnel	名 r -s/-	トンネル
Wagen	名 r -s/-	自動車
Zug	名 r -es/Züge	列車

時間・距離			
Sekunde	名 e -/-n	秒
Minute	名 e -/-n	分
Stunde	名 e -/-n	時間
Entfernung	名 e -/-en	距離
Meter	名 r -s/-	メートル
Kilometer	名 r -s/-	キロメートル
schnell	形	速い
langsam	形	（速度が）遠い，ゆっくりとした
spät	形	（時間的に）遅い
lang	形	長い
pro	前	…当たり
	pro Sekunde 1 秒当たり	
etwa	副	約
gleich	副	すぐに
sofort	副	すぐに
dauern	動	（ある期間）続く

分離動詞			
ab|fahren*	動	（乗り物で）出発する
an|kommen	動	到着する
an|rufen	動	[4 格] に電話をかける
auf|stehen	動	起きる，立ち上がる
aus|gehen	動	外出する，[von+3 格] から出発する
aus|steigen	動	（乗り物から）降りる
ein|kaufen	動	買い物をする
ein|steigen	動	（乗り物に）乗る
fern|sehen*	動	テレビを見る
kennen|lernen	動	[4 格] と知り合う
teil|nehmen*	動	[an+3 格] に参加する

非分離動詞			
bekommen	動	[4 格] をもらう
bestellen	動	[4 格] を注文する
erzählen	動	[4 格] を物語る
vergessen*	動	[4 格] を忘れる
verkaufen	動	[4 格] を売る
versprechen*	動	[3 格] に [4 格] を約束する
verstehen	動	[4 格] を理解する
versuchen	動	[4 格] を試みる

（* は現在形で不規則変化をする）

1．以下は全て交通に関連する単語です。パートナーと話し合い，適切なアルファベットを補いましょう。

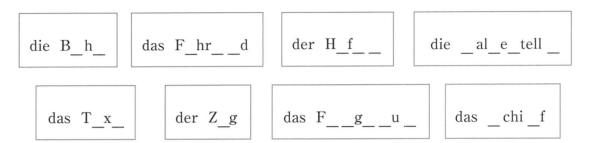

die B_h_   das F_hr__d   der H_f__   die __al_e_tell_

das T_x_   der Z_g   das F__g__u_   das __chi_f

2．次の文章をパートナーと協力して読み，質問にドイツ語で答えましょう。

♪52   •文章 Der Bus fährt um 7.30 Uhr von Frankfurt ab.

Er fährt immer 80 Kilometer pro Stunde.

Die Entfernung von Frankfurt nach Dresden ist etwa 440 Kilometer.

•質問 Wann kommt er in Dresden an?

•答え Der Bus kommt um _____ Uhr in Dresden an.

♪53   •文章 Der Bus fährt von Bremen um 8.15 Uhr ab.

Er fährt immer 90 Kilometer pro Stunde.

Die Entfernung von Bremen nach Karlsruhe ist etwa 585 Kilometer.

•質問 Wann kommt er in Karlsruhe an?

•答え Der Bus kommt um _____ Uhr in Karlsruhe an.

3. 下記の語を使用して，パートナーと観光の計画を立てましょう。

um 7.10 Uhr aufstehen   um 8.30 Uhr von München abfahren

um 14.00 Uhr in Berlin ankommen   um 15.00 Uhr ein Museum besuchen

um 18.45 Uhr ein Abendessen einkaufen

um 20.00 Uhr im Hotel eine Freundin anrufen

1）Um 7.10 Uhr stehen wir auf.   2）_____

3）_____   4）_____

5）_____   6）_____

移住するドイツの人々

ドイツの人々は，国外への移住や国内への帰還をくり返してきました。下記の移住や帰還はいつごろ起こったのでしょうか。該当する出来事Ａ〜Ｅを西暦の下の空欄に書き入れましょう。

西暦	1816 〜 1914	1914 〜 1918	1933 〜 1945	1945 前後	1949 〜 1989	1991 〜 1995
出来事		第一次世界大戦				

A 赤軍が近づいてきた帝国領土東部や占領地から，またドイツ人住民の追放が始まった東欧や南欧から，1200 万人がドイツやオーストリアなどに移動した。

B 農産物の不作による飢饉や，国内の反動的政治体制への嫌悪などにより，約 550 万人が南北アメリカ大陸，とくに「豊かな国」として紹介されていたアメリカ合衆国に移住した。

C 社会主義体制の崩壊に伴い，旧ソ連やポーランドなどに居住する「ドイツ民族に帰属する人々」約 450 万人がドイツに移住した。その背景には，資本主義経済移行期における不安感やドイツの経済的発展への憧れなどがあった。

D ベルリンの壁の建設までの間に，約 300 万人が東ドイツから西ドイツに移住した。その理由は，政治的なものから経済的ものまでさまざまであった。国境閉鎖後もさらに 70 万人が西ドイツに亡命した。

E 独裁政権によって，徹底的な反ユダヤ政策がおこなわれたため，28 万人のユダヤ系の住民が出国した。思想的理由などから，多くのドイツ人作家，芸術家，研究者も亡命した。

ドイツ生まれのユダヤ人の思想家のハンナ・アーレント（1906 - 1975）は，ナチズムの迫害から逃れるためアメリカに亡命した。

1989 年 11 月，ベルリンを東西に分断していた壁が取り壊された。社会主義体制の崩壊を象徴する出来事のひとつだった。

1. 次の文章は，ドイツでの自転車の乗り方について書かれています。どの乗り方が正しいでしょうか。

		Richtig	Falsch
♪54	1）Ich fahre auf der linken Seite* der Straße.	☐	☐
	2）Bei dieser Ampel* [A] fahre ich über die Straße.	☐	☐
	3）Auf dem Fahrrad rufe ich gerne mit dem Smartphone meine Freunde an.	☐	☐
	4）Ich vergesse nie meinen Fahrradhelm*.	☐	☐
	5）Bei diesem Schild* [B] fahre ich nicht weiter*.	☐	☐
	6）Ich steige mit dem Fahrrad in den Zug ein.	☐	☐
	7）Bei diesem Schild [C] steige ich vom Fahrrad ab*.	☐	☐
	8）Es regnet. Ich fahre Fahrrad mit meinem Regenschirm.	☐	☐

A   B   C

Auf der linken Seite 左側　Ampel 交通信号機　Fahrradhelm 自転車用ヘルメット　Schild 標識
weiter 先へ　absteigen（自転車から）降りる

2. 例にならって，動詞の不定詞形を用いて正しい乗り方をまとめましょう。間違った乗り方の場合は正しい乗り方に修正しましょう。

1	例：auf der rechten Seite der Straße fahren
2	
3	
4	
5	
6	
7	
8	

Sophie は秋の旅行を計画しています。旅行や予定のキーワードを探してみましょう。

Reiseplan

Frühling Sommer （Herbst） Winter

Wann? （Anfang） oder Mitte November, 2 Wochen

Wohin? Frankreich Italien （USA） Korea

Welche Stadt? （New York） Los Angeles

Ziel: Museum, Park, Theater, Markt...

und... ich will zum „Frühstück bei Tiffany"

essen! Natürlich!

● 声に出して練習してみましょう

♪55

Leider kann ich nicht gut Englisch...

Ich muss im Sommer wirklich viel Englisch lernen!

♪56

(38) Kannst du Italienisch sprechen? – Ja, ich kann Italienisch sprechen.
君はイタリア語を話すことができますか？　　　　　　　　はい，私はイタリア語が話せます。

(39) Wohin möchtest du fahren? – Ich möchte nach Frankreich fahren.
君はどこに行きたいですか？　　　　　　　　私はフランスに行きたいです。

(40) Wir müssen leider eine Stunde auf den Bus warten.
私たちは残念ながら一時間バスを待たなければなりません。

(41) Darf ich dich etwas noch fragen?
君にまだ質問をしてもいいですか？

(42) Es wird morgen regnen.
明日はおそらく雨が降るでしょう。

文法説明

◇ **話法の助動詞**

ドイツ語では，動詞に対して補助的に主観的な意味などを付け加える助動詞を「話法の助動詞」と呼んでいます。文中で助動詞は常に **2 番目** となり，動詞は文の最後に置かれます。その際，助動詞は人称変化し，文末の動詞は不定詞（原形）となります。

Ich **kann** Deutsch **sprechen**.	私はドイツ語が話せます。
Kannst du Deutsch **sprechen**?	君はドイツ語を話すことができますか？
Sie **kann** sehr gut Englisch.	彼女は英語ができます。
Ich **möchte** Kaffee.	私はコーヒーが欲しい（飲みたい）です。

> **TIPP**
> 英語と違って，本動詞を省略した助動詞のみの表現も可能！

◇ **話法の助動詞の人称変化 (1)**

代表的な助動詞には，以下の können, müssen, möchte, sollen, wollen, dürfen があります。

können（〜できる）

ich	kann	wir	können
du	kannst	ihr	könnt
er/sie/es	kann	sie/Sie	können

müssen（〜しなければならない）

ich	muss	wir	müssen
du	musst	ihr	müsst
er/sie/es	muss	sie/Sie	müssen

möchte*（〜したい）

ich	möchte	wir	möchten
du	möchtest	ihr	möchtet
er/sie/es	möchte	sie/Sie	möchten

sollen（〜すべきである）

ich	soll	wir	sollen
du	sollst	ihr	sollt
er/sie/es	soll	sie/Sie	sollen

müssen には，「〜にちがいない」という意味もあります。また，否定辞とともに使用すると，「〜しなくてもよい，〜する必要はない」ということを表現できます。sollen は，疑問文では提案を表すことが多く，他にも「〜らしい」というような伝聞の意味の場合もあります。*möchte は話法の助動詞 mögen の接続法第 2 式です（接続法については 110, 111 ページの文法説明を参照）。

Der Mann **muss** sehr müde sein.	その男性はとても疲れているにちがいありません。
Sie **müssen** nicht auf mich warten.	あなたは私を待つ必要はありません。

Soll ich das Fenster öffnen? 　　　窓を開けましょうか？

Sein Auto **soll** sehr teuer sein. 　　　彼の車はとても高いそうです。

◇ 話法の助動詞の人称変化 (2)

wollen は，wir（一人称複数）を主語とする場合には「勧誘」の意味を持つことが多くなります。また，dürfen は，否定辞とともに用いると「禁止」の意味になります。

wollen（〜するつもりである）

ich	will	wir	wollen
du	willst	ihr	wollt
er/sie/es	will	sie/Sie	wollen

dürfen（〜してもよい）

ich	darf	wir	dürfen
du	darfst	ihr	dürft
er/sie/es	darf	sie/Sie	dürfen

Wollen wir am Freitag nach Zürich fahren? 　金曜日にチューリヒへ行きませんか？

Hier **darf** man **nicht** schwimmen. 　　　　　ここで泳いではいけません。

◇ 非人称表現

英語でも「雨が降る」と言う場合，非人称の主語 it を用いて，it rains という言い方をしますが，ドイツ語にも es を用いた非人称表現があります。動詞 geben を用いた「es gibt + 4 格目的語」で，「〜がある，存在する」ということを表します。

Es regnet. 雨が降っています。　　　**Es ist** heute kalt. 　今日は寒いです。

In Berlin **gibt es** viele Hotels. 　　ベルリンにはたくさんのホテルがあります。

◇ 不特定の「人」 man

man は，不定代名詞と呼ばれ，不特定の「人」を表します。複数の人々を指す場合でも必ず三人称単数形で使われます。

Wie sagt **man** „Guten Tag" auf Spanisch? 　スペイン語で「こんにちは」はなんと言いますか？

◇ 未来形

ドイツ語では未来のことがらを表現するときには，基本的には現在形と時の副詞を用いますが，werden + 不定詞を用いた未来時制の形も存在します。

werden（〜するつもりである）

ich	werde	wir	werden
du	wirst	ihr	werdet
er/sie/es	wird	sie/Sie	werden

> **TIPP**
> werden が三人称で用いられる場合，
> 未来についての推量を表すことが多い！

Im nächsten Jahr **werde** ich mit dem Auto nach Italien fahren. 　来年，私は車でイタリアへ行くつもりです。

Es **wird** morgen regnen. 　明日はおそらく雨が降るでしょう。

◇ 括弧内の語を変化させて文を完成させよう

Er _____ keine Tomaten essen. (können) 　彼はトマトを食べることができません。

Ich _____ morgen früh aufstehen. (müssen) 　私は明日の朝早く起きなければなりません。

♪57　**1）話法の助動詞 1**　一人が左の文を読み，一人が例にならい müssen を使って答えましょう。

Was musst du morgen machen? (Deutsch lernen) ➡ Ich muss morgen Deutsch lernen.

Was musst du später machen? (in die Bibliothek gehen)

Was muss er bald machen? (seine Mutter anrufen)

Was müssen Sie morgen früh machen? (mit meinem Hund spazieren gehen)

Was musst du morgen zum Frühstück essen? (viele Tomaten zum Frühstück essen)

Was müssen Sie nächste Woche machen? (eine Wohnung suchen)

2）話法の助動詞 2　一人が左の文を読み，一人が例にならって言い換えましょう。

Anfang <u>April</u> möchte ich nach <u>Wien</u> fahren. (Mai, Salzburg)

➡ Anfang <u>Mai</u> möchte ich nach <u>Salzburg</u> fahren.

Anfang Januar möchte ich nach Italien fahren. (Februar, in die Türkei)

Möchtest du im März Koreanisch lernen? (August, Russisch)

Ende Juni möchte er in die Schweiz fahren. (Juli, nach Frankreich)

Mitte September möchten wir eine Reise in die USA machen. (Dezember, nach Deutschland)

3）話法の助動詞 3　一人が左の文を読み，一人が括弧内の話法の助動詞を使って言い換えましょう。

Ich sehe nicht fern. (dürfen) ➡ Ich darf nicht fernsehen.

Ich stehe morgen vielleicht sehr früh auf. (müssen)

Ich lege natürlich die Gabel auf den Tisch. (müssen)

Sie kommt leider nicht. (können)

Der Gast isst wahrscheinlich Spargel zum Abendessen. (möchte)

Sie spricht wirklich Italienisch. (können)

Wortschatz 8　語彙リスト

（名詞でrは男性名詞，eは女性名詞，sは中性名詞，plは複数名詞を表す。/は「2格/複数形」を表す。）

58

計画・予定

Anfang	名 r -s/Anfänge	始め
	Anfang Mai 5月始めに	
Ende	名 s -s/-n	終わり
	Ende Mai 5月末に	
Lust	名 e -/	（何かをしたい）気
	Lust haben する気がある	
Mitte	名 e -/	中ごろ，中央
	Mitte Mai 5月中頃に	
Ziel	名 s -s/-e	目標
Zukunft	名 e -/	未来
planen	動	[4格] を計画する
bereit	形	用意のできた
früh	形	早い
	morgen früh 明朝に	
nächst	形	次の
	nächste Woche 来週に	
bald	副	まもなく
morgen	副	明日
später	副	あとで

季　節

Frühling	名 r -s/-e	春
Sommer	名 r -s/-	夏
Herbst	名 r -es/-e	秋
Winter	名 r -s/-	冬

国・地域

Frankreich	名 s	フランス
Italien	名 s	イタリア
Korea	名 s	朝鮮
Türkei	名 e	トルコ
	in der/die Türkei トルコで/へ	
USA	名 pl	アメリカ合衆国
	in den/die USA 合衆国で/へ	

言　語

Chinesisch	名 s -[s]/	中国語
Italienisch	名 s -[s]/	イタリア語
Koreanisch	名 s -[s]/	韓国語
Russisch	名 s -[s]/	ロシア語
Spanisch	名 s -[s]/	スペイン語

形容の表現

einfach	形	簡単な
möglich	形	可能な
schwer	形	重い，難しい
schwierig	形	難しい
viel	形	たくさんの
wenig	形	少しの
wichtig	形	重要な

推量・心情などを表す副詞

leider	副	残念ながら
natürlich	副	もちろん
sicher	副 きっと　形 確信した	
vielleicht	副	ひょっとしたら
wahrscheinlich	副	たぶん
wirklich	副	ほんとうに

食事・野菜

Frühstück	名 s -s/-e	朝食
Mittagessen	名 s -s/-	昼食
Abendessen	名 s -s/-	夕食
Gabel	名 e -/-n	フォーク
Löffel	名 r -s/-	スプーン
Messer	名 s -s/-	ナイフ
Karotte	名 e -/-n	ニンジン
Spargel	名 r -s/-	アスパラガス
Tomate	名 e -/-n	トマト

その他

etwas	代	あるもの，あること，何か

1. 下の空欄に単語を入れましょう。12 の枠内に何という単語が出てくるでしょうか。

・Er kommt sicher (1). 彼はまもなく来るでしょう。

・Im (2) möchte ich nach (6) fahren. 私は9月に中国へ行きたいです。

・Anfang (3) will Oliver nach (9) reisen. 8月の初めにオリバーは日本を旅行するつもりです。

・(4) Mai möchte ich in die (5) gehen. 5月中頃に私はアメリカへ行きたいです。

・Sie kommen (7) leider nicht. 彼らは今日残念ながら来ません。

・Das (8) unserer Reise ist das Pergamonmuseum. 私たちの旅の目的はペルガモン博物館です。

・Wir (10) eine Reise nach Österreich. 私たちはオーストリアへの旅行を計画しています。

・(11) März gehe ich in die Schweiz. 3月末に私はスイスへ行きます。

← 12 の単語は _____

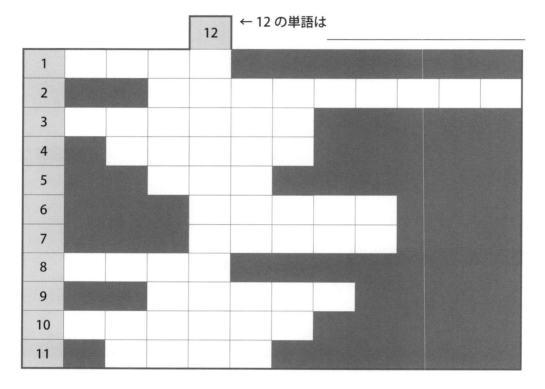

2. 一年間の予定についてパートナーと会話しましょう。空いている月は予定を自由に考えて話しましょう。

♪59　会話例：

Ⓐ Was möchtest du im April machen?

Ⓑ Ich möchte im April eine neue Tasche kaufen.

4月 eine neue Tasche kaufen	5月 Spargel essen	6月	7月	8月	9月 nach Italien fahren
10月 Bier trinken	11月	12月	1月 einen Film sehen	2月	3月

Landeskunde 8

スイスとオーストリア

次の文章を読んで，（　　　）の中の選択肢□のうち，正しいと思う方にチェックをしましょう。

　スイスの公用語は 4 つあり，ドイツ語の他に，フランス語，ロマンシュ語，（□スペイン語　□イタリア語）が使われています。首都の（□チューリヒ　□ベルン）ではドイツ語が使用されています。一方，国連事務局のあるジュネーヴでは，（□フランス語　□イタリア語）が話されています。スイスは，EU に（□加盟しており　□加盟しておらず），通貨としてユーロが（□使用されています　□使用されていません）。現在ではスイスは金融立国としても有名ですが，（□ 30 年戦争　□第 1 次世界大戦）以前は傭兵といった人材を輸出する国でもありました。また，スイスは 19 世紀後半から直接民主制を採用していますが，国政レベルでの女性参政権が獲得されたのは，（□第 1 次世界大戦以前　□第 2 次世界大戦以降）のことでした。またスイスは（□マッターホルン　□エベレスト）等，多くのアルプスの高峰を擁し，登山やスキーの地としても有名です。

　スイスの（□東　□西）に位置するオーストリアは，国民の約 6 割が（□プロテスタント　□カトリック）系キリスト教を信仰しており，地理的にはスイス以外にさらに（□ 2 ヶ国　□ 7 ヶ国）と隣接しています。オーストリアはナチス・ドイツに併合され，第 2 次世界大戦後は 10 年間，戦勝国によって占領されていました。現在, EU に加盟して（□いますが　□おらず），スイスと同様に永世中立国です。オーストリアの首都である（□ザルツブルク　□ウィーン）は，芸術の街として有名です。たとえば, 19 世紀後半から 20 世紀前半にかけて，（□『睡蓮』　□『接吻』）で有名なクリムト，シーレ等の画家が活躍しました。他にも，作曲家（□マーラー　□バッハ）が総監督を務めたウィーン国立歌劇場，心理学者（□フロイト　□ユング）の博物館，哲学者（□カント　□ウィトゲンシュタイン）が設計に関わり 1928 年に建築された家など，歴史的な建造物が多く残っています。

スイスの街ツェルマットとマッターホルン

ウィーン国立歌劇場

建築家フンデルトヴァッサーによって建てられたウィーンの市営住宅

1. 次のテクストは，スイスとオーストリアの文化や社会について述べています。それぞれのテクストは，A～Eのどの写真と関連しているでしょうか。□内に記号を書き入れましょう。

♪60 □ In welchem Supermarkt kaufen wir in der Schweiz ein? Natürlich bei Migros. Migros ist eine Supermarktkette*. Aber dort kann man kein Bier kaufen.

□ Im Sommer ist es in Dörfern auf den Bergen in Österreich nicht so heiß. Dort kannst du angenehm* spazieren gehen.

□ Heidi ist ein Mädchen aus einem Roman in der Schweiz. Sie ist sehr beliebt* in Japan. Wir können auch eine Anime-Serie* von Heidi sehen.

□ In der Schweiz bezahlt man nicht mit Euro. Du muss immer mit Schweizer Franken* bezahlen.

□ Jeder soll einmal* nach Österreich reisen. Der Wein aus dem Süden des Landes schmeckt* mir sehr gut. Ich kann die Schokoladentorte* mit Wiener Kaffee natürlich nicht vergessen.

> Kette チェーン angenehm 気持ちよく
> beliebt 親しまれている Anime-Serie アニメシリーズ
> Schweizer Franken スイスフラン（通貨）
> einmal 一度 schmecken …が～にとっておいしい
> Schokoladentorte チョコレートケーキ

A

B

C

E

D

© Takahiro Nishio

学 校

この課で学ぶこと ▶ 再帰代名詞・従属接続詞・zu 不定詞句

Sophie は今週の大学のスケジュールを組んでいます。学校や授業に関連する語彙を確認してみましょう。

Uni Stundenplan (18.-22. November)

		Montag	Dienstag	Mittwoch	Donnerstag	Freitag
1	8:00-10:00		Fremdsprache (Russisch)			
2	10:00-12:00			Biologie		Kein Unterricht! Ausflug in die Berge!
3	12:00-14:00		Mittagessen mit meinem Professor		Literatur (Film sehen)	
4	14:00-16:00	Mathematik (Aufgaben machen)		Lernen in der Bibliothek		
5	16:00-18:00				Physik (Prüfung!)	

● 声に出して練習してみましょう

♪61

Hast du Lust, am Mittwoch einen Ausflug in die Berge zu machen?

Leider habe ich keine Zeit. Ich muss Physik lernen.
Aber am Freitag habe ich Zeit.
Ich freue mich auf den Ausflug in die Berge.

Grammatik 9 　再帰代名詞・従属接続詞・zu 不定詞句

♪62

(43) Ich freue mich auf meine Reise.
　　　私は旅行を楽しみにしています。

(44) Sie interessiert sich für Physik.
　　　彼女は物理学に興味があります。

(45) Ich weiß* nicht, ob er kommt.　　　　　　　　　　*wissen の変化については P30 を参照
　　　彼が来るのかどうか，私には分かりません。

(46) Hier kann man nicht sitzen, wenn es stark regnet.
　　　もし雨が強く降った場合には，ここには座ることはできません。

(47) Weil ich heute krank bin, habe ich keine Lust, ins Kino zu gehen.
　　　私は今日は病気なので，映画館に行こうという気持ちはありません。

文法説明

◇ **再帰動詞・再帰代名詞**

再帰代名詞とは，英語の **myself** のように，主語と同じものを示す代名詞です。再帰代名詞は，すでに学んだ人称代名詞と共通するところが多いですが，以下の表の通り，二人称敬称および三人称の形が変わります。

再帰代名詞

		一人称	二人称	三人称			二人称	一人称	二人称	三人称
			親称	男性	女性	中性	敬称	複数		
1	主格	ich	du	er	sie	es	Sie	wir	ihr	sie
3	与格	mir	dir	sich	sich	sich	sich	uns	euch	sich
4	対格	mich	dich	sich	sich	sich	sich	uns	euch	sich

Ich **freue mich auf** meine Reise.　　　私は旅行を楽しみにしています。

Wir **freuen uns über** das Wetter heute.　　私たちは今日の天気に喜んでいます。

Sie **interessiert sich für** Physik.　　彼女は物理学に興味があります。

> **TIPP**
> いくつかの再帰動詞（再帰代名詞と常に使用される動詞）の慣用表現を前置詞とセットで覚えよう！

◇ **従属接続詞**

und「そして」や aber「しかし」, oder「あるいは」などの**並列接続詞**だけでなく，**従属接続詞**というものがあります。従属接続詞は，副文を主文に結びつける働きをします。dass, ob, wenn, weil などがよく使われますが，従属接続詞を伴う副文（従属節）の中の動詞や助動詞は**節の末**に置かれることに注意しましょう。代表的な従属接続詞を以下の表に挙げておきますので，それぞれの意味を確認しておきましょう。

従属接続詞

dass	～ということ	obwohl	～にもかかわらず
ob	～かどうか	wenn	～ならば，～のとき
weil	～なので	als	～したとき，～だった頃

Michael glaubt, **dass** ich in Tokyo wohne.　ミヒャエルは私が東京に住んでいると思っています。

Ich weiß nicht, **ob** er kommt.　私は彼が来るのかどうか知りません。

Hier kann man nicht sitzen, **wenn** es stark regnet.
もし雨が激しく降った場合には，ここには座ることはできません。

Weil ich heute krank bin, <u>kann</u> ich nicht kommen.
私は今日病気なので，行くことができません。

TIPP
副文が主文に先行する場合，主文の動詞は副文の直後に来る！

◇ **zu 不定詞**

　zu 不定詞は，英語の to 不定詞と同様の形と意味を持っています。また不定詞の副詞的用法の場合には，前置詞を伴って表現します。よく使われるのは，um … zu 不定詞「～するために」の用法です。また，ohne… zu 不定詞では，「～することなしに」という意味になります。

Deutsch **zu lernen** ist schwierig.　　ドイツ語を学ぶのは難しいです。

Ich habe keine Lust, ins Kino **zu gehen**.　　私は映画館に行こうという気持ちはありません。

Sie geht nach Deutschland, **um** Deutsch **zu lernen**.　　彼女はドイツ語を学ぶためにドイツへ行きます。

Er fährt jeden Sonntag nach Berlin, **um** seine Freundin **zu** sehen.　　彼は毎週日曜日に彼女に会うためにベルリンへ行きます。

Mein Bruder geht in die Schule, **ohne** Frühstück **zu** essen.　　私の弟は朝食をとらずに学校へ行きます。

Wir sind bereit, nach Berlin **abzufahren**.
私たちはベルリンへ出発する準備ができています。

TIPP
「分離動詞」が zu 不定詞句内で使われる場合，前綴りと動詞の間に zu を挿入！

◇ 括弧内に語を入れてみよう

Er (　　　　　) (　　　　　　) auf das Abendessen mit ihr.
彼は彼女との夕食を楽しみにしています。

Sie kann leider heute nicht kommen, (　　　　　) sie krank ist.
彼女は体調が悪いので，残念ながら今日は来られません。

Leider habe ich keine Zeit, in die Mensa (　　　　) (　　　　　　　).
私は残念ながら食堂へ行く時間がありません。

♪63 **1）再帰表現** 　一人が読み，一人が例のように言い換えましょう。

Ich freue mich auf deinen Brief. **(wir)** ➡ Wir freuen uns auf deinen Brief.

Er interessiert sich für Mathematik. **(wir)**

Mein Kind freut sich auf den Ausflug. **(Meine Kinder)**

Ich freue mich über deinen Bericht. **(er)**

2）接続詞 dass 　一人が左の文を読み，一人が例にならって言い換えましょう。

Er kommt nicht mehr. Weißt du das? ➡ Nein, ich weiß nicht, dass er nicht mehr kommt.

Das Studium beginnt schon im September. Weißt du das?

      Nein, ich weiß nicht, dass das Studium_____.

Nächste Woche haben wir eine Prüfung. Weißt du das?

      Nein, ich weiß nicht, dass wir_____.

Meine Mutter kann Chinesisch und Koreanisch sprechen. Weißt du das?

      Nein, ich weiß nicht, dass deine Mutter_____.

3）接続詞 weil 　一人が左の文を読み，一人が括弧内の話法の助動詞を使って言い換えましょう。

Ich kann nicht schlafen. Ich habe viele Aufgaben.

      ➡ Ich kann nicht schlafen, weil ich viele Aufgaben habe.

Du machst viele Fehler. Die Aufgaben sind zu schwierig.

      Du machst viele Fehler, weil _____.

Ich muss viel lernen. Ich mache bald das Abitur.

      Ich muss viel lernen, weil _____.

4）zu 不定詞 　一人が左の文を読み，一人が例にならい下線に入れて言い換えましょう。

Ich lese Bücher. ➡ Ich habe keine Zeit, Bücher zu lesen.

Ich mache eine Reise nach Österreich. Ich habe keine Zeit, _____.

Ich sehe Filme.   Ich habe keine Zeit, _____.

Ich gehe zur Kirche.   Ich habe keine Zeit, _____.

Ich lerne Französisch.   Ich habe keine Zeit, _____.

Wortschatz 9　語彙リスト

（名詞で r は男性名詞，e は女性名詞，s は中性名詞，pl は複数名詞を表す。/ は「2 格 / 複数形」を表す。）

64

学　校

Abitur	名 s -s/	アビトゥーア（大学入学資格試験）
Antwort	名 e -/-en	答え
Aufgabe	名 e -/-n	課題，宿題
Ausflug	名 r -[e]s/..flüge	ハイキング，遠足
Bericht	名 r -s/-e	報告 [書]
Bibliothek	名 e -/-en	図書館
Biologie	名 e -/	生物学
Fehler	名 r -s/-	誤り
Ferien	名 pl	休暇
Frage	名 e -/-n	問い，問題
Fremdsprache	名 e -/-n	外国語
Geografie	名 e -/	地理学
Grundschule	名 e -/-n	基礎学校
Gymnasium	名 s -s/Gymnasien	ギムナジウム
Hochschule	名 e -/-n	[単科] 大学
Kindergarten	名 r -s/..gärten	幼稚園
Klasse	名 e -/-n	クラス
Kunst	名 e -/Künste	芸術
Literatur	名 e -/-en	文学
Mathematik	名 e -/	数学
Medizin	名 e -/	医学
Mensa	名 e -/-s, Mensen	学生食堂
Physik	名 e -/	物理学
Professor	名 r -s/-en	教授
Prüfung	名 e -/-en	試験
Schule	名 e -/-n	学校
Sprache	名 e -/-n	言語
Studium	名 s -s/	（大学での）勉強
Technik	名 e -/	工学
Universität	名 e -/-en	大学（略）Uni
Unterricht	名 r -s/	授業
Wissenschaft	名 e -/-en	学問
Wort	名 s -es/Wörter	語
antworten	動	答える
bestehen	動	[4 格] に合格する
lösen	動	[4 格]（問題）を解く
richtig	形	正しい
falsch	形	間違った

言う・思う

denken	動	[4 格] と考える
erklären	動	[4 格] を説明する
glauben	動	[4 格] と思う，信じる
sagen	動	[4 格] を言う

再帰動詞

an|sehen*	動	[sich^3+4 格] をじっくり見る
erinnern	動	[sich^4+an+4 格] を思い出す，覚えている
freuen	動	[sich^4+über+4 格] を喜ぶ [sich^4+auf+4 格] を楽しみにしている
interessieren	動	[sich^4+für+4 格] に興味を持つ
setzen	動	[sich^4] 座る

（* は現在形で不規則変化をする）

非人称動詞

blitzen	動	es blitzt	稲光がする
regnen	動	es regnet	雨が降る
schneien	動	es schneit	雪が降る

1. 下の会話を参考にして，下線部を別の語彙に入れ替えて，パートナーと会話してみましょう。

♪65　会話例1：

Ⓐ Wofür interessierst du dich?

Ⓑ Ich interessiere mich für Literatur.

語彙：
Kunst Literatur
Mathematik Medizin Physik
Technik Geografie

♪66　会話例2：

Ⓐ Worauf freut sich Ken?

Ⓑ Er freut sich auf die Reise nach Deutschland.

語彙：
Ken: die Reise nach Deutschland
Thomas: die Party im Dezember
Maria: das Konzert in Wien
Oliver und Renate: der Ausflug

2. a～cの文章に続く文を右から選び，線で結びましょう。

a) Es ist warm und sonnig heute. ·　　　· Ich habe vor, in die Bibliothek zu gehen.

b) Ich möchte Bücher lesen. ·　　　· Ich habe vor, am Abend fleißig zu lernen.

c) Ich habe morgen eine Prüfung. ·　　　· Ich habe Lust, einen Ausflug zu machen.

3. 下の語彙を参考に，自分の予定や自分のしたいこと，出来ないことをパートナーに表現してみましょう。

Französisch lernen　　　einen Roman schreiben　　　zehn Kartoffeln essen

nach Deutschland reisen　　zwanzig Stunden schlafen　　jeden Tag kochen

1) Ich habe Lust, _____

2) Ich habe keine Lust, _____

3) Ich habe vor, _____

4) _____ ist schwierig.

Landeskunde 9

ドイツの学校制度

ドイツでは，小学校（4年，州によっては6年）が終わると進路を決めなければならず，それぞれ別の形態の学校に進学します。下記の会話を聞いて，学校の種類とその後の進路について表を埋めましょう。

Leon：僕は，ギムナジウム（Gymnasium）に行って，大学に進学するように両親に言われているんだ。どうしよう。成績は中くらいで，実科学校（Realschule）に通うレベルなんだよ。

Anna：ギムナジウムに行かないと，大学に行くのが難しくなるし，両親はそう言うわよね。私は勉強が好きで成績も良いから，ギムナジウム以外は考えていないな。

Julia：私は先生から実科学校を勧められたよ。実用的なことを勉強して，卒業後，銀行員や客室乗務員など良い仕事にもつけるし，実科学校も良いと思うけど。

Martin：僕は，手に職をつけて働くために基幹学校（Hauptschule）に行きたいな。パパも基幹学校に進学して，それからパン職人になったけど，みんなからおいしいパン屋って言われるのが自慢なんだ。マイスターになるのが夢だね。ねえ Leon，総合学校（Gesamtschule）に行って，2年後に進路を決めたらどう？

Leon：う〜ん。実科学校での成績が良くて，ギムナジウムに転校した生徒がいじめられたという話もニュースにあったよね。迷うなあ。

学校の種類	卒業後の進路や職業

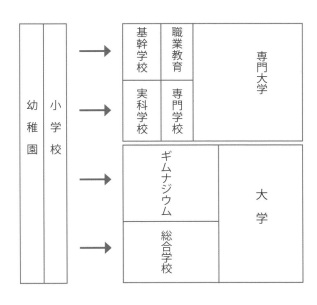

ドイツの教育制度

83

1. 次のそれぞれの項目について，AとBのうち，あなたはどちらにあてはまるでしょうか。文章を読んで内容を理解して，あてはまる方にチェックをいれましょう。

♪67

1	A	Ich arbeite gern mit euch zusammen*.	
	B	Ich möchte lieber allein* arbeiten.	
2	A	Ich sage immer etwas, wenn ich sicher bin, dass es richtig ist.	
	B	Ich sage oft nichts*, obwohl ich sicher bin, dass es richtig ist.	
3	A	Wenn ich etwas nicht so gut machen kann, versuche ich es immer noch einmal*.	
	B	Obwohl ich etwas nicht gut machen kann, habe ich häufig keine Lust, es noch einmal zu versuchen.	
4	A	Ich freue mich darauf, im Unterricht etwas Schwieriges* zu lernen.	
	B	Wenn etwas im Unterricht für mich schwierig ist, interessiere ich mich nicht mehr* für den Unterricht.	
5	A	Mir gefällt es, an dem Unterricht teilzunehmen.	
	B	Manchmal möchte ich lieber zu Hause bleiben.	

zusammen|arbeiten 共同で作業する，働く　allein ひとりで　nichts 何も〜ない　noch einmal もう一度
etwas Schwieriges 何か難しいこと (形容詞 schwierig の名詞化)　nicht mehr もはや〜ない

スイス，ベルン大学の本館

Gestern habe ich
Fußball gespielt.

letztes Jahr	gestern	heute

Letztes Jahr war ich in
Berlin und habe viel
über die Geschichte der
Stadt gelernt.

Heute treffe ich
meine Freundin
in einem Café.

● 声に出して練習してみましょう ♪68

Was hast du letztes Jahr gemacht?

Letztes Jahr war ich in Berlin und habe viel über
die Geschichte der Stadt gelernt.

Grammatik 10　現在完了形・過去形

♪69

(48) Wo warst du gestern? – Ich war gestern in Köln.
君は昨日どこにいたの？　　　　　　　私は昨日ケルンにいました。

(49) Wohin sind Sie am Freitag gefahren?
あなたは金曜日どこへ行ったのですか？

　　　　　　– Ich bin am Freitag nach Heidelberg gefahren.
私は金曜日ハイデルベルクへ行きました。

(50) Was habt ihr am letzten Sonntag gemacht?
君たちは先週の日曜日は何をしたの？

　　　　　　– Wir haben am letzten Sonntag Fußball gespielt.
私たちは先週は日曜日はサッカーをしました。

文法説明

◇ **動詞の 3 基本形**

不定詞，過去基本形，過去分詞の三つを**動詞の 3 基本形**と呼びます。過去基本形・過去分詞には規則変化をするものと不規則変化をするもの（幹母音が変化する動詞）があります。規則変化動詞の場合，過去基本形は「語幹 + **-te**」，過去分詞は「**ge + 語幹 + -t**」となります。不規則変化（過去基本形・過去分詞）をするものについては，巻末の動詞の不規則変化表で確認しておきましょう。

規則変化動詞

不定詞	過去基本形	過去分詞
machen	machte	gemacht
spielen	spielte	gespielt
arbeiten	arbeitete	gearbeitet

不規則変化動詞

不定詞	過去基本形	過去分詞
gehen	ging	gegangen
kommen	kam	gekommen
bringen	brachte	gebracht

動詞の過去形と過去分詞を調べて，以下の表の空欄を埋めてみよう

不定詞	過去基本形	過去分詞	不定詞	過去基本形	過去分詞
reden	redete		sterben		gestorben
bekommen		bekommen	aufstehen	stand … auf	
essen	aß		fallen		gefallen
werden		geworden(worden)	schreiben	schrieb	
fahren	fuhr		schließen		geschlossen

◇ **現在完了形**

ドイツ語では過去のできごとを語るとき，おもに現在完了形を用います。現在完了形は，haben もしくは sein の現在人称変化を**文の 2 番目**に，過去分詞を**文末**に置きます。

現在形　　　Ich spiele jeden Sonntag Fußball.　　　私は毎週日曜日にサッカーをしました。

　　　　　　Wir gehen jeden Mittwoch ins Kino.　　私たちは毎週水曜日に映画館へ行きます。

現在完了形　Ich **habe** gestern Fußball **gespielt**.　　私は昨日サッカーをしました。

　　　　　　Wir **sind** am Wochenende ins Kino **gegangen**.　　私たちは週末に映画館へ行きました。

分離動詞の過去分詞では，接頭辞の ge- は，前綴りと動詞の中に挿入されます。また，-ieren 型の動詞には ge- は付きません。

Haben Sie mich gestern Abend **angerufen**? 昨日の夜，私に電話しましたか？

Was **hast** du **studiert**? （大学時代に）何を専攻しましたか？

◇ haben か sein か

過去分詞になる動詞によって haben を用いるか，sein を用いるかが決まっています。多くの動詞は haben を用います（= haben 支配）が，4 格の目的語をとらず，**場所の移動**や**状態の変化**などを表す動詞は sein を用います（= sein 支配）。sein 支配の動詞は，辞書などでは gehen (s) もしくは「sein 支配」のように記載されています。

sein と結んで完了形を作る動詞

場所の移動を表す動詞	gehen, kommen, fahren, einsteigen, aussteigen, schwimmen 等
状態の変化を表す動詞	werden, sterben, einschlafen, wachsen 等
その他少数の動詞	sein, bleiben

また，ふつう sein と結ばれる動詞であっても，他動詞として使用されるときは haben と結ばれます。

Ich **bin** zum Bahnhof **gefahren**. 　　私は駅まで行きました。

Ich **habe** sie zum Bahnhof **gefahren**. 私は彼女を駅まで送りました。

◇ 過去形

先にも触れた通り，過去のできごとを表現する際に，ドイツ語では現在完了形をよく用いますが，sein や haben 動詞を使う場合や，物語や小説などで出てくる現在と無関係な過去のことがらを記述するときには過去形が好まれます。また，sein や essen のように，不規則変化をするものもあります。過去形を使うときには，まず動詞を過去基本形にしてから，主語の人称に応じて語尾を変化させます。

machen の過去形

ich	machte	wir	machten
du	machtest	ihr	machtet
er/sie/es	machte	sie/Sie	machten

essen の過去形

ich	aß	wir	aßen
du	aß(es)t	ihr	aß(e)t
er/sie/es	aß	sie/Sie	aßen

sein の過去形

ich	war	wir	waren
du	warst	ihr	wart
er/sie/es	war	sie/Sie	waren

haben の過去形

ich	hatte	wir	hatten
du	hattest	ihr	hattet
er/sie/es	hatte	sie/Sie	hatten

Als ich klein **war**, **spielte** ich oft Fußball. 　　私は小さい頃よくサッカーをしました。

Wir **hatten** am letzten Wochenende keine Zeit. 私たちは先週末時間がありませんでした。

◇ 括弧内に語を入れてみよう

Er (　　　　　　　) heute Morgen um 6 Uhr (　　　　　　). (aufstehen)
彼は今朝 6 時に起床しました。

(　　　　　　　) du schon einmal in Hamburg? (sein)
君はこれまでハンブルクに行ったことがありますか？

♪70 **1）現在完了形** 一人が読み，一人が例のように言い換えましょう。

Der Mann hat die Tür geschlossen. ➡ Ich habe die Tür geschlossen.

Ich bin allein in den Wald gegangen. (er)

Im Wald habe ich mit einem Freund geredet. (wir)

Der Mann hat mir den Weg gezeigt. (du)

Letzte Woche bin ich nach Leipzig gefahren. (meine Mutter)

2）過去形・規則変化 一人が左の文を読み，一人が例にならって過去形に言い換えましょう。

Meine Tochter spielt Klavier. (letzte Woche)

➡ Letzte Woche spielte meine Tochter Klavier.

Ich putze mein Zimmer. (am Wochenende) Am Wochenende _____.

Sie macht bei der Prüfung viele Fehler. (letzte Woche)

Letzte Woche _____.

Er erinnert sich an das Ereignis. (gestern)

Gestern _____.

Wir hoffen auf Frieden. (damals) Damals _____.

3）過去形・不規則変化 一人が左の文を読み，一人が例にならって言い換えましょう。

Der Mann schloss die Tür. (im Zimmer, ich)

➡ Als der Mann die Tür schloss, war ich im Zimmer.

Der Krieg begann. (mein Sohn, in Berlin)

Als der Krieg begann, war _____.

Meine Mutter starb. (meine Schwester, in Frankreich)

Als meine Mutter starb, _____.

Das Konzert fand statt. (du, im Krankenhaus)

Als das Konzert stattfand, _____.

Die Berliner Mauer fiel. (wir, in München)

Als die Berliner Mauer fiel, _____.

Wortschatz 10　語彙リスト

（名詞で r は男性名詞，e は女性名詞，s は中性名詞，pl は複数名詞を表す。/ は「2 格 / 複数形」を表す。）

71

過去の出来事			
Ereignis	名 s -ses/-se	できごと	
Erfahrung	名 e -/-en	経験	
Ergebnis	名 s -ses/-se	結果	
Frieden	名 r -s/	平和	
Geschichte	名 e -/	歴史	
Krieg	名 r -es/-e	戦争	
Mauer	名 e -/-n	壁，塀	

die Berliner Mauer ベルリンの壁

an|fangen*	動	始まる，[4 格] を始める
beginnen*	動	始まる，[4 格] を始める
entstehen*	動	生じる
entwickeln	動	発展する
geschehen*	動	起こる
passieren	動	起こる
statt|finden*	動	開催される
letzt	副	最後の，先…

letzte Woche 先週

eben	副	ちょっと前に，ちょうど今
damals	副	当時
dann	副	そのとき，それから
einmal	副	昔，いつか，一度
erst	副	やっと，最初に
früher	副	以前
gerade	副	（たった）今，ちょうど
gestern	副	きのう
lange	副	長い間，ずっと
mehr	副	…より以上に

nicht mehr もはや…ない

noch	副	まだ，さらに
schon	副	すでに

暦			
Jahr	名 s -es/-e	年	
Monat	名 m -s/-e	（暦の）月	
Woche	名 e -/-n	週	
Wochenende	名 s -s/-n	週末	

過去形・過去分詞で規則変化する動詞		
folgen	動	[3 格] について行く
fühlen	動	[4 格] を感じる
führen	動	[4 格] を連れて行く，導く
hoffen	動	[4 格] を望む
komponieren	動	[4 格] を作曲する
putzen	動	[4 格] を（ふいて）きれいにする
reden	動	しゃべる

過去形・過去分詞で不規則変化する動詞		
bieten*	動	[3格] に [4格] を提供する
fallen*	動	落ちる，倒れる
halten*	動	[4 格] を持っている，保つ
lassen*	動	[4 格] をやめる [不定詞]+lassen …させる
schlagen*	動	[4 格] を打つ
schließen*	動	[4 格] を閉める
steigen*	動	登る
sterben*	動	死ぬ
treffen*	動	[4 格] に会う
wachsen*	動	成長する
ziehen*	動	[4 格] を引く

（* 不規則変化の過去形・過去分詞は巻末の変化表を参照）

1. パートナーに昨日のことを聞いてメモを取り，パートナーの昨日のことについて表現しましょう。

♪72

❶ Wann bist du gestern aufgestanden?

❷ Was hast du gestern zum Frühstück gegessen?

❸ Hast du gestern sehr viel gelernt?

❹ Hast du gestern ferngesehen?

❺ Wann bist du gestern ins Bett gegangen?

メモ：

●パートナーの昨日のこと：

Er/Sie ist gestern um _____ aufgestanden.　　Er/Sie_____.

Er/Sie hat zum Frühstück _____ gegessen.　　Er/Sie_____.

Er/Sie hat gestern nicht viel _____.　　Er/Sie_____.

2. ある日，Mayer 家の食卓のパンが誰かに食べられていました。この家には Mayer 夫妻と 2 人のこども，そして 3 匹のペットがいます。彼らが昨日どこにいて何をしていたのかについて，下の一覧を参考にパートナーと話し合いながら，パンを食べたのは誰か推理してみましょう。

wer?	wo?	was?
Bello (ein Hund)	im Garten	gelaufen
Momo (eine Katze)	auf dem Dach	geschlafen
Luna (ein Kaninchen)	im Garten	Karotten gegessen
Thomas (ein Sohn)	im Park	Fußball gespielt
Maria (eine Tochter)	in der Bibliothek	Bücher gelesen
Herr Mayer	im Zimmer	Suppe gegessen
Frau Mayer	im Badezimmer	geputzt

♪73

会話例：

Ⓐ Wo war Bello gestern?

Ⓑ Er war im Garten.

Ⓐ Was hat er da gemacht?

Ⓑ Er ist gelaufen.

Wer hat das Brot gegessen?

答え_____

Landeskunde 10

ドイツ語の歴史

次の文章を読んで，（　）の中の選択肢□のうち，正しいと思う方にチェックをしましょう。

　ドイツ語 (Deutsch) は，標準語を指す場合 „Hochdeutsch" と呼ばれます。この Hochdeutsch（標準ドイツ語もしくは高地ドイツ語）という語は本来地理的な用語であり，ドイツ（□北部　□南部）地域のドイツ語を意味する「低地ドイツ語」(Niederdeutsch) という語の対語でした。

　現在のドイツ語の歴史はおよそ 8 世紀ごろから始まったとされています。750 年から 1050 年までは「古高ドイツ語期」と呼ばれ，この時代には共通語としての（□ヘブライ語　□ラテン語）がドイツ語へと徐々に移行していきます。さらに，1050 年から 1350 年までを「中高ドイツ語期」と呼びます。この頃には騎士道精神に則った宮廷文学が流行し，（□『ニーベルンゲンの歌』□『若きウェルテルの悩み』）はこの時代の重要な作品の一つです。

　また，1348 年にはドイツ語圏最初の大学である（□ベルリン大学　□プラハ大学）が設立されています。1350 年から 1650 年ごろまでは「初期新高ドイツ語期」です。15 世紀中頃，マインツで（□フェルメール　□グーテンベルク）が行なった印刷術の発明が，16 世紀前半にマルティン・ルターによって推進された（□宗教改革　□産業革命）を後押しし，この頃広まったドイツ語翻訳聖書が現在のドイツ語を形作る上で大変重要なものとなりました。

　さらに，1650 年ごろから現在に至るまでの期間を「新高ドイツ語期」と呼び，1800 年前後に，上流階級・知識階級の書きことばを模範として成立したのが現在「標準ドイツ語」と呼ばれているもので，当時のドイツ（□中部　□南西部）の地域のことばを手本としたと言われています。また，現在ドイツ語圏には多様な方言が存在し，オーストリアやスイスで使用されているドイツ語は，ドイツで使用されているドイツ語とはまた少し違った特徴を持っています。

マルティン・ルター
（Martin Luther 1483-1546）

アイゼナハ郊外のヴァルトブルク城内に残るルターの部屋

グーテンベルク聖書

ケルン大聖堂（Kölner Dom）とブランデンブルク門（Brandenburger Tor）が話しています。会話を読解して，ブランデンブルク門とケルン大聖堂の歴史を下の表にまとめてみましょう。

♪74 TOR: Sie sind sehr groß! Ich bin nur* 20 Meter hoch.

DOM: Ja, ich bin 157 Meter groß und so schwer wie 2500 Flugzeuge. Wissen Sie, dass ich nicht so alt bin?

TOR: Wirklich? Mich hat ein König* von Preußen* im Jahr 1791 gebaut*.

DOM: Ich war erst im Jahr 1880 vollendet*. Aber der Bau* hat 632 Jahre lang gedauert. Im Jahr 1248 hat ein Erzbischof* angefangen, mich zu bauen.

TOR: Die Geschichte der Stadt Köln ist sehr lang. Als Berlin noch ein Dorf war, war Köln schon eine Stadt.

DOM: Ja, genau*. Schon im Jahr 50 wurde Köln zur Stadt. Dann kam das Christentum* mit den Römern* nach Köln.

TOR: Meine Geschichte war leider nicht immer schön. 1933 haben die Nationalsozialisten* ihre Macht* gefeiert*. Dann hat der Krieg mich schwer geschlagen. Seit 1961 stand ich in Ostberlin und die Berliner Mauer* war zwischen mir und dem Westen.

DOM: Bei mir auch. 1794 wurde ich zum Stall* für Napoleon. 1943 haben mich die Bomben* getroffen. Doch* heute stehen wir noch immer!

TOR und DOM: Jetzt freuen wir uns, dass uns Touristen* auch aus dem Ausland* besuchen!

---

nur たった〜のみ König 王 Preußen プロイセン bauen 建てる vollendet できあがった Bau 建築
Erzbischof 大司教 genau そのとおり Christentum キリスト教 Römer ローマ人 Nationalsozialist ナチス党員
Macht 権力 feiern 祝う Mauer 壁 Stall 家畜小屋 Bombe 爆弾 doch ここでは「でも，それでも」の意味
Tourist 旅行者 Ausland 外国

	Kölner Dom	Brandenburger Tor
1248		
1791		
1794		
1880		
1943		
1961		

祝　祭

この課で学ぶこと ▶ 形容詞・序数・日付の表現・比較級

● ポストカードに合う祝祭の語彙を見てみましょう

der Geburtstag

die Hochzeit

Weihnachten

das Geschenk

Ostern

● イースターの卵にはどんな色があるか見てみましょう

Farben	
rot	weiß
grün	schwarz
blau	gelb

● 声に出して練習してみましょう　♪75

Vom 24. bis zum 26. Dezember feiert man Weihnachten.

Warum sind der Hut, die Jacke und die Hose des

Weihnachtsmanns immer rot und weiß?

♪76

(51) Sie kauft eine neue Tasche.
彼女は新しいカバンを買います。

(52) Am 3. Oktober fahre ich nach Berlin.
私は 10 月 3 日にベルリンに行きます。

(53) Ich bin kleiner als mein Bruder.
私は兄（弟）より背が低いです。

文法説明

◇ **形容詞**

形容詞には，大きく分けて，**述語的用法**と**付加語的用法**があります。

Die Tasche ist **neu**. そのカバンは新しいです。（述語的用法）

Sie kauft **eine neue Tasche**. 彼女は新しいカバンを買います。（付加語的用法）

形容詞の付加語的用法は名詞を修飾する用法で，形容詞は格変化をします。格変化には，名詞の性・数，冠詞の有無に応じて，(1) 形容詞自体はあまり変化しない「弱変化」，(2) 形容詞自体が変化する「強変化」，そして (3)「混合変化」と呼ばれる 3 つの種類があります。

(1) 弱変化：定冠詞（類）＋形容詞＋名詞

格		古い机（男性）	新しい上着（女性）	青い車（中性）	赤い靴（複数）
1	主格	der alte Tisch	die neue Jacke	das blaue Auto	die roten Schuhe
2	属格	des alten Tisches	der neuen Jacke	des blauen Auto	der roten Schuhe
3	与格	dem alten Tisch	der neuen Jacke	dem blauen Auto	den roten Schuhen
4	対格	den alten Tisch	die neue Jacke	das blaue Auto	die roten Schuhe

(2) 強変化：形容詞＋名詞

格		赤ワイン（男性）	新鮮な牛乳（女性）	冷たいビール（中性）	美しいグラス（複数）
1	主格	roter Wein	frische Milch	kaltes Bier	schöne Gläser
2	属格	rotes Weins	frischer Milch	kalten Biers	schöner Gläser
3	与格	rotem Wein	frischer Milch	kaltem Bier	schönen Gläsern
4	対格	roten Wein	frische Milch	kaltes Bier	schöne Gläser

(3) 混合変化：不定冠詞（類）＋形容詞＋名詞

格		古い机（男性）	新しい上着（女性）	青い車（中性）	赤い靴（複数）
1	主格	ein alter Tisch	eine neue Jacke	ein blaues Auto	ihre roten Schuhe
2	属格	eines alten Tisches	einer neuen Jacke	eines blauen Auto	ihrer roten Schuhe
3	与格	einem alten Tisch	einer neuen Jacke	einem blauen Auto	ihren roten Schuhen
4	対格	einen alten Tisch	eine neue Jacke	ein blaues Auto	ihre roten Schuhe

◇ 序数

序数（第〜の，〜番目の）は，19 までは数字に -t を，20 以上になると -st を付けて作ります。また，序数をアラビア数字で表す場合，数字の後にピリオド (.) を打ちます。

序　数

1.	erst	5.	fünft	9.	neunt	13.	dreizehnt
2.	zweit	6.	sechst	10.	zehnt	20.	zwanzigst
3.	dritt	7.	siebt	11.	elft	21.	einundzwanzigst
4.	viert	8.	acht	12.	zwölft	30.	dreißigst

◇ 日付の表現

日付を表すときは，「定冠詞 + 序数 + 月」の順となります。また，「〜月〜日に」ということを表現したいときには **am** を使い，日にちと月を続けます（第 4 課と第 7 課を復習しましょう）。たとえば，der 15. August の読み方は，序数の 15. が弱変化（男性・1 格）をするため，**der fünzehnte August** となり，語尾に e が付きます。「4 月 24 日に」の場合は，**am 24. April** となります。その際，こちらも序数は弱変化（男性・3 格）をするため，読み方は，**vierundzwanzigsten** です。

Heute ist **der 15. August.** 今日は 8 月 15 日です。

Am 9. November fahre ich nach Berlin. 私は 11 月 9 日にベルリンへ行きます。

◇ 比較級・最上級

比較表現は「比較級 + als」で表現されます。最上級には①「定冠詞 + 最上級 -e(n)」および②「am + 最上級 -en」の二つの形があります。①は，後ろに名詞がある，または想定できる場合に使います。②は，後ろに名詞を想定できない場合や，副詞の場合などに用いられます。

Ich bin **kleiner als** mein Bruder. 私は兄（弟）より背が低いです。

Das ist **die größte** Mensa. これが一番大きな食堂です。

Sie singt **am besten**. 彼女が一番歌が上手です。

> **TIPP**
> 幹母音 a, o, u をもつ一音節の形容詞には，比較級と最上級のときに幹母音がウムラウトするものがある！

形容詞	比較級	最上級	形容詞	比較級	最上級
klein（小さい）	kleiner	kleinst	neu（新しい）	neuer	neuest
warm（暖かい）	wärmer	wärmst	alt（古い）	älter	ältest
schwierig（難しい）	schwieriger	schwierigst	groß（大きい）	größer	größt
lang（長い）	länger	längst	gut（良い）	besser	best

＊比較級・最上級は，名詞を修飾する場合は形容詞の語尾をつけます（付加語的用法）。

eine größere Tasche より大きなカバン　der älteste Baum 最も古い木

＊ so+ 形容詞・副詞の原級 +wie 〜は，「〜と同じくらい…」という意味になります。

Meine Jacke ist so warm wie dein Mantel. 私のジャケットは君のコートと同じくらい暖かいです。

＊ immer + 比較級や比較級 + und ＋比較級は，「ますます〜」の意味になります。

Der Garten wurde schöner und schöner. その庭はますます美しくなりました。

♪77　**1）定冠詞＋形容詞**　一人が左の文を読み，一人が例にならって言い換えましょう。

Wem gehört der schwarze Regenschirm? (das kleine Kind)

➡　Er gehört <u>dem kleinen Kind</u>.

Wer hat das rote Auto gekauft? (die reiche Nachbarin)

＿＿＿＿＿＿＿＿＿＿＿＿＿＿＿＿ hat es gekauft.

Wem gehört die grüne Tasche? (der alte Mann)

Sie gehört ＿＿＿＿＿＿＿＿＿＿＿＿＿＿.

Was sucht die junge Frau? (der weiße Stuhl)

Sie sucht ＿＿＿＿＿＿＿＿＿＿＿＿＿.

Was sucht der kranke Mann? (das warme Bett)

Er sucht ＿＿＿＿＿＿＿＿＿＿＿＿＿.

2）不定冠詞＋形容詞　一人が左の文を読み，一人が例にならい下線部に入れて言いましょう。

Seine Nase ist groß. ➡ Er hat eine <u>große</u> Nase.

Dein Hemd ist gelb.　　　　　Du hast ein ＿＿＿＿＿＿ Hemd.

Seine Aufgabe ist schwierig.　Er hat eine ＿＿＿＿＿＿ Aufgabe.

Dein Mantel ist leicht.　　　　Du hast einen ＿＿＿＿＿＿ Mantel.

Mein Großvater ist bekannt.　Ich habe einen ＿＿＿＿＿＿ Großvater.

3）比較級　一人が読み，一人が例にならって言い換えましょう。

Mein Haus ist klein. ➡ Mein Haus ist viel kleiner als dein Haus.

Meine Tasche ist groß.

Mein Buch ist interessant.

Mein Apfel ist frisch.

Mein Bleistift ist kurz.

Meine Katze ist glücklich.

Wortschatz 11　語彙リスト

（名詞で r は男性名詞, e は女性名詞, s は中性名詞, pl は複数名詞を表す。/ は「2格/複数形」を表す。）

8

祝　祭

Feier	名 e -/-n	祝典
Fest	名 s -[e]s/-e	祭り
Geburtstag	名 r -es/-e	誕生日
Geschenk	名 s -s/-e	贈り物
Hochzeit	名 e -/-en	結婚式
Karneval	名 r -s/-e	カーニバル
Konzert	名 s -s/-e	コンサート
Oper	名 e -/-n	オペラ
Ostern	名 s -/-	イースター
Party	名 e -/-s	パーティ
Religion	名 e -/-en	宗教
Urlaub	名 r -s/-e	（仕事の）休暇
Weihnachten	名 s -/-	クリスマス
feiern	動	[4格] を祝う
wünschen	動	[3格] に [4格] を祈る，願う
froh	形	楽しい
zusammen	副	いっしょに

衣　服

Bluse	名 e -/-n	ブラウス
Brille	名 e -/-n	めがね
Hemd	名 s -es/-en	シャツ
Hose	名 e -/-n	ズボン
Jacke	名 e -/-n	上着
Mantel	名 r -s/Mäntel	コート
Rock	名 r -[e]s/Röcke	スカート
Schuh	名 r -s/-e	靴
Socke	名 e -/-n	ソックス
tragen*	動	[4格] を身につけている

色

blau	形	青い
dunkel	形	暗い
gelb	形	黄色い
grün	形	緑の
rot	形	赤い
schwarz	形	黒い
weiß	形	白い

形容詞

ander	形	別の
arm	形	貧しい
bekannt	形	知られた，有名な
frei	形	自由な
frisch	形	新鮮な
genau	形	正確な
glücklich	形	幸せな
interessant	形	興味深い
kurz	形	短い
leicht	形	軽い，簡単な
reich	形	金持ちの
schlecht	形	悪い
tief	形	深い
weit	形	広い，遠い

副　詞

| genug | 副 | 十分に |
| nur | 副 | ただ…だけ |

（* 不規則変化の過去形・過去分詞は巻末の変化表を参照）

1. Monika と Thomas は，今日パーティに出かけます。下の一覧を参考に，パートナーとともにふたりが身につけているものについてドイツ語で表現してみましょう。

♪79　**会話例：** Ⓐ Was trägt Thomas?　Ⓑ Er trägt eine blaue Jacke.

Ⓐ Was hat Monika in der Hand?　Ⓑ Sie hat eine kleine Tasche in der Hand.

Thomas

青いジャケット ＿＿＿＿＿＿＿＿＿＿

黄色いズボン ＿＿＿＿＿＿＿＿＿＿

緑の靴 ＿＿＿＿＿＿＿＿＿＿

大きな帽子 ＿＿＿＿＿＿＿＿＿＿

黒いメガネ ＿＿＿＿＿＿＿＿＿＿

Monika

赤いブラウス ＿＿＿＿＿＿＿＿＿＿

白いスカート ＿＿＿＿＿＿＿＿＿＿

黒い靴下 ＿＿＿＿＿＿＿＿＿＿

長いコート ＿＿＿＿＿＿＿＿＿＿

小さい鞄 ＿＿＿＿＿＿＿＿＿＿

2. 次の祭やイベントなどを，パートナーと話し合って適切な季節に分類しましょう。

祭・イベント	季節	祭・イベント	季節
Ostern	Frühling	Neujahr	
Karneval		Mein Geburtstag	
Weihnachten		Dein Geburtstag	
Uni Fest		Geburtstag des Lehrers / der Lehrerin	
Oktoberfest			
Silvester			

Landeskunde 11

ドイツの冬の祝祭

下記はドイツの冬の祝祭についてのクイズ＆すごろくです。正しい答えを選んで，ゴールしましょう。

1 Start！	2	3	4	5
各問の答えを選び，選んだ矢印の番号へ移動しましょう。まずは ➡ **2** へ	クリスマスの祝日 12月の… 24 〜 25 日 ➡ **8** 25 〜 26 日 ➡ **15**	Leider falsch! Zurück zu **23**	クリスマスには，サンタが… 来る ➡ **7** 来ない ➡ **20**	Nicht richtig! Zurück zu **20**
6	7	8	9	10
Falsch! Zurück zu **15**	Nicht richtig! Zurück zu **4**	Falsch! Zurück zu **2**	Leider falsch! Zurück zu **25**	Schade！falsch! Zurück zu **14**
11	12	13	14	15
Nicht richtig! Zurück zu **21**	Schade falsch! Zurück zu **27**	聖 Martin がマントを切って寒さから救ったのは… 一人の貧者 ➡ **21** 子どもたち ➡ **29**	アドベント（待降節）とは… 新年を待つ ➡ **10** キリストの誕生を待つ ➡ **30**	クリスマスの祝日と日曜日が重なると，27 日は… 振替休日 ➡ **6** 平日 ➡ **25**
16	17	18	19	20
ドイツの新年の祝日は1月… 1日と2日 ➡ **18** 1日のみ ➡ **22**	Leider falsch! Zurück zu **22**	Nicht richtig! Zurück zu **16**	**Sehr gut!** クイズはこれでおしまいです。	ドイツでサンタが来るのはアドベントの… 最初の日 ➡ **5** 12 月 6 日 ➡ **23**
21	22	23	24	25
これはスイスの… 聖 Niklaus ➡ **11** 大晦日行事 ➡ **27**	この記号が書かれる日は… 1 月 1 日 ➡ **17** 1 月 6 日 ➡ **19**	この人は… 聖 Niklaus ➡ **3** 聖 Martin ➡ **13**	Falsch! Zurück zu **28**	これは… クリスマスツリーの一種 ➡ **9** アドベントの飾り輪 ➡ **14**
26	27	28	29	30
Falsch! Zurück zu **30**	花火を上げてにぎやかにお祝いするのは… クリスマス ➡ **12** 大晦日 ➡ **28**	大晦日，花火の打ち上げが問題になっている最大の理由は… 人身事故 ➡ **16** 大気汚染 ➡ **24**	Leider falsch! Zurück zu **13**	アドベントの期間はクリスマス前の… 4 週間 ➡ **4** 2 週間 ➡ **26**

1. Weihnachtsbäume und Umweltprobleme(クリスマス・ツリーと環境問題)というテーマで書かれたレポートを読みましょう。

♪80 Weihnachten ist ein wichtiges christliches* Fest und die schönste Zeit im Jahr. Viele Familien backen mit Lust und Liebe Plätzchen* und im Wohnzimmer* steht ein Weihnachtsbaum. Unter dem Baum sind viele kleine und große Geschenke für die Familie. In Deutschland spielen* Weihnachtsbäume eine sehr große Rolle*. Jedes Jahr verkauft man mehr als 29 Millionen Weihnachtsbäume. Aber woher kommen diese vielen Bäume? Weihnachtsbäume kommen nicht nur aus Deutschland, sondern auch aus dem Ausland*. Millionen von Bäumen wachsen auf

Plantagen*. Man braucht oft Chemikalien*, um die Bäume schneller und besser wachsen zu lassen. Wir können in Deutschland auch Öko*-Bäume kaufen. Solche Öko-Bäume sind teurer. Was soll man nach Weihnachten mit dem Weihnachtsbaum machen? Man muss den Baum auf die Straße vor der Wohnung stellen. Die Stadt Berlin sammelt* jedes Jahr 350000 Weihnachtsbäume ein und macht sie zu Energie*.

2. 上のテキストと関連した質問①〜③に対して，適切と思われるものを A 〜 C から選びましょう。

① Darf man einen alten Weihnachtsbaum nicht in den Müll werfen*? (   )
② Kann man vor Weihnachten im Wald einen Baum schlagen? (   )
③ Wie viel Energie kann die Stadt Berlin durch die alten Weihnachtsbäume
   bekommen? (   )

A Ja, es ist oft möglich, im Wald einen Baum zu suchen und ihn zu schlagen.

B In Berlin können 500 Familien ein Jahr lang mit der Energie aus den alten
   Weihnachtsbäumen leben.

C Nein, man darf die Weihnachtsbäume nicht in den Müll werfen.

---

christlich キリスト教の Plätzchen クッキー Wohnzimmer 居間 eine große Rolle spielen 重要な役割を演じる
Ausland 外国 Plantage プランタージュ Chemikalien 化学製品 Öko- (他の名詞の前に付けて）エコロジーの
ein|sammeln 集める Energie エネルギー in den Müll werfen ゴミ箱に捨てる

Lektion

12

政治・社会

この課で学ぶこと ▶ 関係代名詞・関係副詞・指示代名詞

Politik

die Bundesrepublik, der Bundestag, die Partei,
der Kanzler, die Kanzlerin, der Politiker,
die Politikerin, das Volk, die Wahl

Gesellschaft

die Demokratie, das Gesetz, das Recht,
die Pflicht, der Bürger, die Bürgerin, die Wirtschaft,
die Kultur

International

das Ausland, der Ausländer, die Ausländerin,
die Grenze, der Staat, Europa

● 声に出して練習してみましょう

♪81

Wo ist der Bundestag?

Er ist in Berlin.
Berlin ist die Stadt, die ich liebe!

♪82

(54) Er hat einen Bruder, der Biologie studiert.
　　　彼には，生物学を専攻している兄（弟）がいます。

(55) Berlin ist die Stadt, die ich liebe.
　　　ベルリンは私が大好きな街です。

(56) Wir suchen ein Auto, in dem wir schlafen können.
　　　私たちは中で睡眠できる車を探しています。

文法説明

◇ 関係代名詞

関係代名詞は，文中の先行詞を示す代名詞で，副文を主文に結びつける従属接続詞の機能を持っています。以下の文の **der** は，男性名詞である **einen Bruder** を指し，主文では4格ですが，副文（関係文）の中での役割は1格なので **der** となります。従属接続詞の場合と同様に，副文中の動詞や助動詞は副文の末に置かれます。

Er hat einen Bruder, **der** Biologie studiert.　彼には，生物学を専攻している兄（弟）がいます。

表の通り，太字で示してある箇所を除いては，定冠詞の格変化と同じです。

関係代名詞の変化

格		男性	女性	中性	複数
1	主格	der	die	das	die
2	属格	**dessen**	**deren**	**dessen**	**deren**
3	与格	dem	der	dem	**denen**
4	対格	den	die	das	die

Da ist ein **Mann**, **der** in Berlin wohnt.　　　　そこに，ベルリンに住んでいる男性がいます。

　　　　　dessen Mutter Deutsch spricht.　そこに，お母さんがドイツ語を話す男性がいます。

　　　　　dem mein Vater dankt.　　　　そこに，私の父が感謝している男性がいます。

　　　　　den ihr gestern gesehen habt.　そこに，君たちが昨日会った男性がいます。

◇ 上記の文「Da ist ein Mann, ...」を「Da ist eine Frau, ...」に言い換えてみよう

例：Da ist eine **Frau**, **die** in Berlin wohnt.

他にも「前置詞＋関係代名詞」の形になる場合もあります。さらに，この「前置詞＋関係代名詞」は，先行詞が場所や時を表す場合，**wo** で置き換えることができます。これを**関係副詞**と呼びます。

Wir suchen ein Auto, **in dem** wir schlafen können.　私たちは中で睡眠できる車を探しています。

Wir suchen ein Auto, **wo** wir schlafen können.

◇ 不定関係代名詞

不定関係代名詞とは，特定の先行詞を持たない関係代名詞で, **wer**「～の人」と **was**「～のこと」の二つがあります。
was は，alles, das, etwas, nichts などの特定されていない先行詞をとる場合もあります。

Wer fremde Sprachen nicht kennt, weiß nichts von seiner eigenen.
外国語を知らない者は，母国語（自分自身の言語）について知らない。（ゲーテ）

Weißt du, **was** ich meine?　私の意図していることが分かりますか？

Das ist alles, **was** ich brauche.　これは私が必要としているすべてです。

◇ 指示代名詞

指示代名詞は，現在特に話の中心となっている名詞を指す用法で，通常の人称代名詞よりも強く先行する名詞を指示します。以下の例では，人称代名詞 er を使って，Er ist in seinem Zimmer. と答えるよりも，der の方が（話の中心である）「そのミヒャエル」を具体的に意味することができます。

Wo ist Michael? ミヒャエルはどこにいますか？

Der ist in seinem Zimmer.　彼なら部屋にいますよ。

指示代名詞の変化

格		男性	女性	中性	複数
1	主格	der	die	das	die
2	属格	dessen	deren	dessen	deren, derer
3	与格	dem	der	dem	denen
4	対格	den	die	das	die

◇ 括弧内に語を入れてみよう

Es gibt viele junge Mädchen, (　　　　　　) sich für Fußball interessieren.
サッカーに興味をもつ若い女の子はたくさんいます。

Heidi kann brauchen, (　　　　　　) sie gelernt hat.
ハイジは学んだことを生かすことができます。

Kennst du den Film „Chihiros Reise ins Zauberland "?　Nein, (　　　　　　) kenne ich nicht.
君は映画『千と千尋の神隠し』を知っていますか？　いいえ，私はそれを知りません。

♪83 **1）関係代名詞1格** 一人が左の文を，一人が右の文を下線に適切な関係代名詞を入れて読みましょう。
意味も確認しましょう。

Der Bürgermeister hat drei Töchter.

➡ Ich kenne den Bürgermeister, der drei Töchter hat.

Der Politiker versucht, eine internationale Schule zu eröffnen. eröffnen: 〜を開く，開業する

➡ Ich kenne den Politiker, _____ versucht, eine internationale Schule zu eröffnen.

Das Mädchen wohnt in einem großen Haus.

➡ Ich kenne das Mädchen, _____ in einem großen Haus wohnt.

Die Schülerin interessiert sich für ein Studium im Ausland.

➡ Ich kenne die Schülerin, _____ sich für ein Studium im Ausland interessiert.

Die Schülerin hat einen Brief an den Lehrer geschrieben.

➡ Ich rufe die Schülerin an, _____ einen Brief an den Lehrer geschrieben hat.

2）関係代名詞2・3・4格 一人が左の文を，一人が右の文を下線に適切な関係代名詞を入れて読みましょう。
意味も確認しましょう。

Mir gefällt der rote Regenschirm. Du hast mir den roten Regenschirm geschenkt.

➡ Mir gefällt der rote Regenschirm, den du mir geschenkt hast.

Mir gefällt das Lied. Du hast gestern das Lied gesungen.

➡ Mir gefällt das Lied, _____ du gestern gesungen hast.

Mir schmeckt der Kuchen. Ich habe den Kuchen auf der Weihnachtsparty gegessen.

➡ Mir schmeckt der Kuchen, _____ ich auf der Weihnachtsparty gegessen habe.

Das Mädchen wohnt in Berlin. Die Mutter des Mädchens ist Schweizerin.

➡ Das Mädchen, _____ Mutter Schweizerin ist, wohnt in Berlin.

Der Freund wohnt in dem Haus am Fluss. Ich mache mit dem Freund eine Reise nach Frankreich.

➡ Der Freund, mit _____ ich eine Reise nach Frankreich mache, wohnt in dem Haus am Fluss.

Wortschatz 12 語彙リスト

（名詞で r は男性名詞，e は女性名詞，s は中性名詞，pl は複数名詞を表す。/ は「2 格 / 複数形」を表す。）

34

政治・社会

Abgeordneter, Abgeordnete 名 r, e　議員

Ausland 名 s -s/　外国

Ausländer, Ausländerin 名 r -s/-, e -/-nen 外国人

Botschaft 名 e -/-en　大使館，知らせ

Bundesrat 名 r -[e]s/　連邦参議院

Bundesrepublik 名 e -/　連邦共和国

Bundestag 名 r -[e]s/　連邦議会

Bürger, Bürgerin 名 r -s/-, e -/-nen 市民

Bürgermeister, Bürgermeisterin
　　　　　名 r -s/-, e -/-nen 市長

Demokratie 名 e -/-n　民主主義

Europa 名 s　ヨーロッパ

Gefahr 名 e -/-en　危険

Gesellschaft 名 e -/-en　社会，団体

Gesetz 名 s -es/-e　法律

Grenze 名 e -/-n　国境

Gruppe 名 e -/-n　グループ

Jude, Jüdin 名 r -n/-n, e -/-nen ユダヤ人

Kampf 名 r -es/Kämpfe　戦い

Kanzler, Kanzlerin 名 r -s/-, e -/-nen 首相

König, Königin 名 r -s/-e, e -/-nen 王；女王

Krise 名 e -/-n　危機

Kultur 名 e -/-en　文化

Liste 名 e -/-n　リスト，名簿

Macht 名 e -/Mächte　権力，大国

Minister, Ministerin 名 r -s/- e -/-nen　大臣

Parlament 名 s -[e]s/-e　議会，国会

Partei 名 e -/-en　政党

Pflicht 名 e -/-en　義務

Politik 名 e -/　政治

Politiker, Politikerin 名 r -s/- e -/-nen 政治家

Präsident, Präsidentin 名 r -en/-en, e -/-nen
　　　　　大統領

Prinz, Prinzessin 名 r -en/-en, e -/-nen
　　　　　王子；王女

Problem 名 s -s/-e　問題

Recht 名 s -s/-e　権利，法

Regel 名 e -/-n　規則

Regierung 名 e -/-en　政府

Staat 名 r -es/-en　国家

Terrorismus 名 r -/　テロ

Terrorist, Terroristin 名 r -en/-en, e -/-nen
　　　　　テロリスト

Volk 名 s -es/Völker　民族

Wahl 名 e -/-en　選挙，選択

Welt 名 e -/　世界

Wirtschaft 名 e -/-en　経済

ausländisch 形　外国の

eigen 形　自分 [自身] の

europäisch 形　ヨーロッパの

fremd 形　外国の

gefährlich 形　危険な

international 形　国際的な

politisch 形　政治の

1. 単語の意味をパートナーと協力して調べて，ドイツの主な政党名とそれらの日本での呼称を結びましょう。

CDU: Christlich-Demokratische Union Deutschlands ・　　　　　　　　　・社会民主党

CSU: Christlich-Soziale Union in Bayern e.V. ・　　　　　　　　　　　・自由民主党

SPD: Sozialdemokratische Partei Deutschlands ・　　　　　　　　　　・キリスト教民主同盟

AfD: Alternative für Deutschland ・　　　　　　　　　　　　　　　・緑の党

FDP: Freie Demokratische Partei ・　　　　　　　　　　　　　　　・キリスト教社会同盟

Die Linke ・　　　　　　　　　　　　　　　　　　　　　　　　・ドイツのための選択肢

Bündnis 90/die Grünen ・　　　　　　　　　　　　　　　　　　・左派党

2. 会話例を参考に，1〜5までの文章を使用してパートナーと会話してみましょう。

♪85　**会話例：**

Ⓐ Wer ist der Mann, der dort steht?

Ⓑ Das ist der Bürgermeister von Hamburg.

Ⓐ Kennst du die Frau, die dort ein Buch liest?

Ⓑ Ja, das ist meine Schwester.

1. Eine Frau trägt eine rote Jacke. / Das ist Angela Merkel.

2. Ein Mädchen trägt einen schwarzen Rock. / Das ist Anne Frank.

3. Ein Mann hat im Bonner Bundestag am 8. Mai 1985 geredet. / Das war Richard von Weizsäcker.

4. Ein Mann hat „Eine kleine Nachtmusik" komponiert. / Das war Wolfgang Amadeus Mozart.

5. Ein Mann hat „Faust" geschrieben. / Das war Johann Wolfgang von Goethe.

Landeskunde 12

想起の文化

ドイツでは，ナチス時代の負の遺産の記憶を継承するために，さまざまな記念碑が設置されています。記念碑の名称と説明を読み，該当する写真のアルファベットを左の空欄に記入しましょう。

【　　】　**見捨てられた部屋**　広場におかれた彫刻作品。ユダヤ系住民の追放と不在を表している。

【　　】　**バイエルン地区の記念碑**　看板には図像とナチの法令が書かれ，迫害の日常性を示している。

【　　】　**移送のための列車とその時刻表**　列車内部は狭く，多数の人々が車内に詰め込まれたことを暗示している。

【　　】　**沈められた図書館**　空の本棚をかたどった作品。1933年にナチスによる焚書が行われた場所に埋められるかたちで設置されている。

【　　】　**殺害されたヨーロッパのユダヤ人のための記念碑**　公的な記念碑。ドイツの政治的な姿勢をアピールする意図があった。ユダヤ人とその他の犠牲者を分離した点が問題視された。

【　　】　**躓きの石**　移送されたユダヤ人の住居前に設置されていて，住民の氏名や生没年などが表示されている。ある芸術家のプロジェクト。

A

B

C

D

E

F　　　「ユダヤ人は合唱団から締め出される」

1．次の文章は，ナチ時代の亡命と現在の難民問題について述べられています。読んでみましょう。

● **A**

♪86 Im Januar 1933 wurde Hitler zum Kanzler. Dann begannen die Nationalsozialisten „schwarze Listen" der jüdischen* und „politisch gefährlichen" Schriftsteller* zu schreiben, deren Bücher sie nicht lesen wollten. Am 10. Mai 1933 verbrannten* mit den Nazis zusammen die Studenten und die Professoren, die an 22 Universitäten wie in Berlin und Heidelberg studierten oder arbeiteten, auf dem Platz 10000 Bücher. Nach dieser Aktion* der Nazis flohen* viele Schriftsteller aus Deutschland ins Ausland.

● **B**

♪87 Heute gehen jedes Jahr Millionen Menschen, die aus religiösen* oder politischen Gründen* in ihrer Heimat* nicht wohnen können, ins Ausland. Sie dürfen in Deutschland bleiben, wenn die Gefahr in ihrem Heimatland* noch da ist. Aber die Menschen, die in ihrem Heimatland keine Arbeit haben oder wenig Geld bekommen und deshalb* nach Deutschland gekommen sind, können nicht in Deutschland bleiben. Solche Menschen sollen in ihre Heimatländer zurückkehren*.

---

jüdisch ユダヤ人の Schriftsteller 作家 verbrennen 燃やす Aktion 行動 flohen fliehen（逃げる）の過去形
religiös 宗教上の Grund 理由 Heimat 故郷 Heimatland 故国 deshalb それゆえに zurück|kehren 戻る

---

2. 次の A 〜 D の文章は，テクストの内容に合っていますか？ あてはまる方にチェックをしましょう。

	Richtig	Falsch
A：Nach dem zweiten Weltkrieg wurde Hitler zum Kanzler.	☐	☐
B：1993 verbrannten Studenten und Professoren 10000 Bücher.	☐	☐
C：In unserer Zeit kommen viele Leute ins Ausland.	☐	☐
D：Die Menschen, die in Deutschland nur viel Geld verdienen wollen, können in Deutschland bleiben.	☐	☐

文法補足

◇ 受動態

受動表現では，動作受動を表す **werden 受動**，状態受動を表す **sein 受動**，さらに **bekommen 受動**の三種類が主に使用されます。werden 受動は，助動詞 **werden**（第 8 課参照）と**動詞の過去分詞**を用いて表現します。

TIPP

werden には，本動詞としての「〜になる」，未来の助動詞としての「〜だろう」，受動態を作るための助動詞「〜される」の三つの用法がある！

以下の例では，動詞 feiern は，受動態で用いられるとき，過去分詞となり文末に置かれ，主語は mein Geburtstag「私の誕生日」であるため，文の第二位には werden の三人称単数形である wird がきます。また，能動態での主語は，受動態では，人や動物ならば von …「〜によって」を用いて，できごとの原因を示す場合には durch …「〜によって，〜のために」で表現されます。

能動態：Meine Familie feiert meinen Geburtstag.
　　　　私の家族は私の誕生日を祝います。

受動態：Mein Geburtstag **wird von** meiner Familie **gefeiert**.
　　　　私の誕生日は私の家族によって祝われます。

受動態（過去形）：Mein Geburtstag **wurde von** meiner Familie **gefeiert**.

受動態（現在完了形）：Mein Geburtstag **ist von** meiner Familie **gefeiert worden**.
　　　　　　　　　私の誕生日は私の家族によって祝われました。

受動態の助動詞 werden を使用して現在完了形を作る場合には sein 支配で，過去分詞は geworden ではなく worden となりますので注意しましょう。

受動態の文章を他動詞で作る場合は，その他動詞の 4 格の目的語を受動態の文章の主語とします。自動詞で作る場合は次のようになります。

Es wird heute getanzt. / Heute wird getanzt.
今日はダンスパーティーがあります。

TIPP

erklären や helfen のように 3 格の目的語をとる動詞の場合，3 格の目的語は受動文の 1 格の主語にはならない！

Es wird mir von ihm erklärt. / Mir wird von ihm erklärt.
私は彼によって説明されます。（私は彼から説明を受けます。）

状態受動の場合には，「sein + 過去分詞」で受動態を作ります。また，「bekommen + 過去分詞」を用いた受動態の場合，「〜してもらう，〜される」といった意味合いになります。

Das Geschäft **ist** am Sonntag **geschlossen**.　その店は日曜日には閉まっています。

Ich **bekomme** ein Buch **zugeschickt**.　私は本を一冊送ってもらいます。（zuschicken 送る，送付する）

◇ 形容詞の名詞化

形容詞は，語頭を大文字にして「〜な男性，女性，人々」「〜なこと，もの」という意味の名詞として使うことができます。その場合，それぞれ後ろに Mann, Frau, Leute, Ding をつけた形を想定して語尾を付けます。

der Arme　**(der arme Mann)**　その貧しい男

ein Armer　**(ein armer Mann)**　ある貧しい男

das Neue　**(das neue Ding)**　その新しいこと（もの）

ein Neues　**(ein neues Ding)**　ある新しいこと（もの）

◇ **分詞**

分詞は, 動詞と形容詞の機能を持っています。大別すると, **現在分詞**と**過去分詞**に分かれ, 付加語的用法, 名詞的用法, 副詞的用法の三つがあります。

a) 現在分詞

現在分詞は, 動詞の**不定詞の語末**に **-d** を付加することによって作ります。たとえば, fliegen「飛ぶ」という動詞は fliegend になります。**付加語的用法**として, 現在分詞が使われると「〜している（名詞句）」のような継続的動作を表現することになり, 形容詞のように用いられます（形容詞の変化は第 11 課を参照）。ワーグナー作曲のオペラのタイトルとして有名な *Der fliegende Holländer*『さまよえるオランダ人』は, 直訳すると「空を飛んでいるオランダ人男性」ということになります。fliegend は, 男性 1 格の弱変化の形容詞同様に変化しています。

また, 現在分詞に冠詞を付けることによって名詞を作る**名詞的用法**もあります。たとえば, studieren「勉強する」という動詞から派生して der/die Studierende という語が作られます。Studierende は「大学で学ぶ者」つまり大学生を指しています。形容詞と同じように, 以下のように分詞を副詞として使う**副詞的用法**もあります。

> Der Hund liegt **schlafend**.
> その犬は横になって眠っています（← 眠りながら横になっている）。

> **TIPP**
> 「大学生」には, Student や Studentin という語があるが, 現在のドイツの大学では男性女性同型となる Studierende という語が好まれる場合も多い！

b) 過去分詞

過去分詞の形はすでに現在完了形を作る際にも扱いましたが（第 10 課参照）, 他動詞では「〜された, 〜されている」という受動の意味を持ち, sein 支配の自動詞と再帰動詞の場合には,「〜した, 〜している」という能動の意味を表現します。

過去分詞の付加語的用法は,「〜された, 〜されている（名詞句）」のような意味となります。たとえば, kochen「料理する」の過去分詞 gekocht を使って, das gekochte Ei「茹でられた卵」（つまり「茹で卵」）のような表現が可能です（中性 1 格の弱変化）。過去分詞も形容詞と同じように語尾が変化します。さらに, das Geschriebene「書かれたもの, テクスト」）や das Gesprochene「話されたこと, ことば」のように名詞を作ることもできます。他にも, 過去分詞は, 形容詞と同じように, 副詞として使うこともできます。よく使われるのは, 以下のような分詞構文としての用法です。

> Wie schon **gesagt**, ich fliege nächste Woche nach Japan.
> すでに言いましたが, 私は来週日本へ行きます。

◇ **接続法**

接続法の形には, **第 1 式**と**第 2 式**があります。原則的には, 第 1 式は「実現の可能性が高い」ことを, 第 2 式は「実現の可能性が低い」ことを表現する場合に使用します。第 1 式には, 他者の発言を間接的に伝える際に用いる「間接話法」や, 何かを要求をするときに使う「要求話法」があります。第 2 式には, 現実にはあり得ないことを表現する「非現実話法」と, 聞き手に対して丁寧さを表す「外交的用法」があり, これらは英語の仮定法に相当します。ここでは, 日常会話でも使用されることの多い第 2 式から説明します。

接続法第 2 式

a) 非現実話法

> Wenn ich genug Geld **hätte**, **kaufte** ich einen neuen Computer.
>   **würde** ich einen neuen Computer **kaufen**.
> もし十分なお金があれば, 新しいコンピューターを買うんですが。

話しことばでは，接続法第 2 式は「würde … 不定詞」の形に書き換えられることが多いです。

b) 外交的用法

Könnten Sie mir vielleicht den Weg zum Hotel erklären?　ホテルまでの道を教えてくださいませんか？

Es **wäre** sehr freundlich, wenn Sie mir helfen **könnten**.　もしあなたが私を手伝ってくれたらとても嬉しいです。

接続法第 2 式

	sein	haben	gehen	werden	können
ich	wäre	hätte	ginge	würde	könnte
du	wär(e)st	hättest	gingest	würdest	könntest
er/sie/es	wäre	hätte	ginge	würde	könnte
wir	wären	hätten	gingen	würden	könnten
ihr	wär(e)t	hättet	ginget	würdet	könntet
sie/Sie	wären	hätten	gingen	würden	könnten

接続法第 1 式

a) 非現実話法

他の人から聞いたことを伝える際には，引用符を付して発言のままで引用する**直接話法**と，引用符を付けずに引用する**間接話法**があります。間接話法を用いるときには，接続法第 1 式の形が使われます。間接話法が直接法と同じ形になる場合，接続法第 2 式の形が用いられます。接続法第 1 式は，日常的な会話ではあまり使われませんが，ニュースや新聞ではしばしば使用されますので覚えておきましょう。

> 直接話法：Sie sagte mir: „Ich komme zu dir.“
> 　　　　　彼女は私に「私は君のところに行きます」と言いました。
> 間接話法：Sie sagte mir, sie **komme** zu mir.
> 　　　　　彼女は私に私のところに来ると言いました。

a) 要求話法

実現の可能性がある要求や願望などを表現する際には，接続法第 1 式の**要求話法**が用いられます。

Nehmen Sie bitte Platz.
どうぞお座りください。

Gehen wir heute zusammen essen.
今日は一緒に食べに行きましょう。

接続法第 1 式

	sein	haben	gehen	werden	können
ich	sei	habe	gehe	werde	könne
du	sei(e)st	habest	gehest	werdest	könnest
er/sie/es	sei	habe	gehe	werde	könne
wir	seien	haben	gehen	werden	können
ihr	seiet	habet	gehet	werdet	könnet
sie/Sie	seien	haben	gehen	werden	können

◇ 主要変化表まとめ

定冠詞（類）の格変化

格	男 （男性）	女 （女性）	子ども （中性）	子どもたち （複数）
1	der/dieser Mann	die/diese Frau	das/dieses Kind	die/diese Kinder
2	des/dieses Mannes	der/dieser Frau	des/dieses Kindes	der/dieser Kinder
3	dem/diesem Mann	der/dieser Frau	dem/diesem Kind	den/diesen Kindern
4	den/diesen Mann	die /diese Frau	das/dieses Kind	die/diese Kinder

不定冠詞(類)の格変化

格	父 （男性）	母 （女性）	子ども （中性）	子どもたち （複数）
1	ein/mein Vater	eine/meine Mutter	ein/mein Kind	− /meine Kinder
2	eines/meines Vaters	einer/meiner Mutter	eines/meines Kindes	− /meiner Kinder
3	einem/meinem Vater	einer/meiner Mutter	einem/meinem Kind	− /meiner Kindern
4	einen/meinen Vater	eine//meine Mutter	ein/mein Kind	− /meine Kinder

ihr「彼女の」の格変化

格	男性	女性	中性	複数
1	ihr Vater	ihre Mutter	ihr Kind	ihre Kinder
2	ihres Vaters	ihrer Mutter	ihres Kindes	ihrer Kinder
3	ihrem Vater	ihrer Mutter	ihrem Kind	ihren Kindern
4	ihren Vater	ihre Mutter	ihr Kind	ihre Kinder

unser「私たちの」/ euer「君たちの」の格変化

格	男性	女性	中性	複数
1	unser/euer Vater	uns(e)re/eu(e)re Mutter	unser/euer Kind	uns(e)re/eu(e)re Kinder
2	uns(e)res/eu(e)res Vaters	uns(e)rer/eu(e)rer Mutter	uns(e)res/eu(e)res Kindes	uns(e)rer/eu(e)rer Kinder
3	uns(e)rem /eu(e)rem Vater	uns(e)rer/eu(e)rer Mutter	uns(e)rem/eu(e)rem Kind	uns(e)ren/eu(e)ren Kindern
4	uns(e)ren/eu(e)ren Vater	uns(e)re/eu(e)re Mutter	unser /euer Kind	uns(e)re/eu(e)re Kinder

代名詞の格変化

格	一人称	二人称 親称	三人称 男性	三人称 女性	三人称 中性	二人称 敬称	一人称 複数	二人称 複数	三人称 複数
1	ich	du	er	sie	es	Sie	wir	ihr	sie
3	mir	dir	ihm	ihr	ihm	Ihnen	uns	euch	ihnen
4	mich	dich	ihn	sie	es	Sie	uns	euch	sie

112

索　引

数字は語彙リストの課を表す（0 は 0 課または「アルファベット・発音・数字」）。数字のあとに G があるものは文法のページ。* は不規則動詞

es	1G	fremd	12	Geschenk	11	Hobby	2
essen*	3	Fremdsprache	9	Geschichte	10	hoch	5
etwa	7	freuen	9	Gesellschaft	12	Hochschule	9
etwas	8	Freund	1	Gesetz	12	Hochzeit	11
euer	5G	Freundin	1	Gesicht	5	hoffen	10
Euro	6	Frieden	10	gestern	10	hören	2
Europa	12	frisch	11	gesund	5	Hose	11
europäisch	12	froh	11	Glas	3	Hotel	6
fahren*	2	früh	8	glauben	9	Hund	4
Fahrrad	7	früher	10	gleich	7	hundert	0
fallen*	10	Frühling	8	glücklich	11	Hunger	3
falsch	9	Frühstück	8	Grenze	12	ich	1G
Familie	4	fühlen	10	groß	2	ihr（代名詞）	1G
Februar	7G	führen	10	Großmutter	4	ihr（冠詞）	5G
Fehler	9	fünf	0	Großvater	4	Ihr	5G
Feier	11	für	6G	grün	11	immer	3
feiern	11	Fuß	5	Grundschule	9	in	6G
Fenster	4	Fußball	2	Gruppe	12	Information	6
Ferien	9	Gabel	8	gut	2	Insel	5
fern	6	Garten	2	Gymnasium	9	interessant	11
fernsehen*	7	Gast	4	Haar	5	interessieren	9
Fernseher	4	Gebäude	6	haben*	3G	international	12
Fest	11	geben*	3	Hafen	7	Italien	8
Film	2	Geburtstag	11	halb	7G	Italienisch	8
finden*	3	Gefahr	12	halten*	10	ja	1G
Firma	6	gefährlich	12	Haltestelle	7	Jacke	11
Fisch	3	gefallen*	3	Hand	5	Jahr	10
Fleisch	3	gegen	6G	Handy	3	Januar	7G
fleißig	1	gegenüber	6G	häufig	3	Japan	1
fliegen*	1	gehen*	2	Haus	4	Japaner	1
Flughafen	7	gehören	3	Heft	2	Japanerin	1
Flugzeug	7	gelb	11	heiß	5	Japanisch	1
Fluss	6	Geld	3	heißen*	1	jeder	5G
folgen	10	Gemüse	3	helfen*	3	jetzt	1
Foto	2	genau	11	Hemd	11	Jude	12
Frage	9	genug	11	Herbst	8	Jüdin	12
fragen	4	Geografie	9	Herr	1	Juli	7G
Frankreich	8	gerade	10	Herz	5	jung	2
Französisch	1	geradeaus	6	heute	1	Junge	4
Frau	1	gern[e]	1	hier	6	Juni	7G
frei	11	Geschäft	6	Himmel	5	Kaffee	3
Freitag	7G	geschehen*	10	hinter	6G	kalt	5

Politikerin	12	schlagen*	10	singen*	2	Tasche	2
politisch	12	schlank	5	sitzen*	1	tausend	0
Polizei	6	schlecht	11	Smartphone	3	Taxi	7
Post	6	schließen*	10	Socke	11	Technik	9
Präsident	12	Schloss	6	Sofa	4	teilnehmen*	7
Präsidentin	12	Schnee	5	sofort	7	Terrorismus	12
Prinz	12	schneien	9	Sohn	4	Terrorist	12
Prinzessin	12	schnell	7	solcher	5G	Terroristin	12
pro	7	schon	10	sollen*	8G	teuer	6
Problem	12	schön	2	Sommer	8	Theater	6
Professor	9	Schrank	4	sonnig	5	Ticket	7
Prüfung	9	schreiben*	1	Sonntag	7G	tief	11
putzen	10	Schuh	11	Spanisch	8	Tisch	4
Rathhaus	6	Schule	9	Spargel	8	Tochter	4
Reataurant	6	Schüler	1	spät	7	Tomate	8
recht	6	Schülerin	1	später	8	Tor	6
Recht	12	schwach	5	spazieren	2	Torte	2
rechts	6	schwarz	11	spielen	2	tot	5
reden	10	Schweiz	1	Sport	2	Tour	7
Regal	4	Schweizer	1	Sprache	9	tragen*	11
Regel	12	Schweizerin	1	sprechen*	2	treffen*	10
Regen	5	schwer	8	Staat	12	trinken*	3
Regenschirm	2	Schwester	4	Stadt	6	tun*	4
Regierung	12	schwierig	8	stark	5	Tunnel	7
regnen	9	schwimmen*	2	stattfinden*	10	Tür	4
reich	11	sechs	0	stehen*	2	Türkei	8
Reise	2	See	6	steigen*	10	über	6G
reisen	2	sehen*	2	stellen	4	Uhr	2
Religion	11	sehr	3	sterben*	10	um	6G
richtig	9	sein（冠詞）	5G	Straße	6	Umwelt	5
Richtung	6	sein*（動詞）	1G	Student	1	und	9G
Rock	11	seit	6G	Studentin	1	Universität	9
Roman	2	Seite	6	studieren	1	unser	5G
rot	11	Sekunde	7	Studium	9	unter	6G
Russisch	8	selten	3	Stuhl	4	Unterricht	9
sagen	9	September	7G	Stunde	7	Urlaub	11
Samstag	7G	setzen	9	suchen	4	USA	8
schenken	3	sich	9G	Süden	6	Vater	1
schicken	3	sicher	8	Supermarkt	6	vergessen*	7
Schiff	7	sie	1G	Suppe	3	verkaufen	7
Schinken	3	Sie	1G	Tag	1	versprechen*	7
schlafen*	2	sieben	0	Tante	4	verstehen*	7

主な不規則動詞の変化表

不 定 詞	直説法現在	直説法過去	接続法Ⅱ式	過 去 分 詞
befehlen 命じる	*du* befiehlst *er* befiehlt	**befahl**	beföhle (befähle)	**befohlen**
beginnen 始める		**begann**	begönne (begänne)	**begonnen**
beißen かむ	*du* beißt *er* beißt	**biss**	bisse	**gebissen**
bergen 救出する	*du* birgst *er* birgt	**barg**	bärge	**geborgen**
bieten 提供する		**bot**	böte	**geboten**
binden 結ぶ		**band**	bände	**gebunden**
bitten 頼む		**bat**	bäte	**gebeten**
blasen 吹く	*du* bläst *er* bläst	**blies**	bliese	**geblasen**
bleiben *s.* とどまる		**blieb**	bliebe	**geblieben**
braten (肉を)焼く	*du* brätst *er* brät	**briet**	briete	**gebraten**
brechen 折る	*du* brichst *er* bricht	**brach**	bräche	**gebrochen**
brennen 燃やす；燃える		**brannte**	brennte	**gebrannt**
bringen 持ってくる		**brachte**	brächte	**gebracht**
denken 考える		**dachte**	dächte	**gedacht**
dringen *s.* 突き進む		**drang**	dränge	**gedrungen**
dürfen …してもよい	*ich* darf *du* darfst *er* darf	**durfte**	dürfte	**gedurft** (**dürfen**)
empfehlen 勧める	*du* empfiehlst *er* empfiehlt	**empfahl**	empföhle (empfähle)	**empfohlen**
erschrecken *s.* 驚く	*du* erschrickst *er* erschrickt	**erschrak**	erschräke	**erschrocken**
essen 食べる	*du* isst *er* isst	**aß**	äße	**gegessen**
fahren *s.* (乗物で)行く	*du* fährst *er* fährt	**fuhr**	führe	**gefahren**
fallen *s.* 落ちる	*du* fällst *er* fällt	**fiel**	fiele	**gefallen**

不 定 詞	直説法現在	直説法過去	接続法Ⅱ式	過 去 分 詞
fangen 捕える	*du* fängst *er* fängt	**fing**	finge	**gefangen**
finden 見つける		**fand**	fände	**gefunden**
fliegen *s.* 飛ぶ		**flog**	flöge	**geflogen**
fliehen *s.* 逃げる		**floh**	flöhe	**geflohen**
fließen *s.* 流れる	*du* fließt *er* fließt	**floss**	flösse	**geflossen**
fressen (動物が)食う	*du* frisst *er* frisst	**fraß**	fräße	**gefressen**
frieren 凍える		**fror**	fröre	**gefroren**
gebären 産む		**gebar**	gebäre	**geboren**
geben 与える	*du* gibst *er* gibt	**gab**	gäbe	**gegeben**
gehen *s.* 行く		**ging**	ginge	**gegangen**
gelingen *s.* 成功する		**gelang**	gelänge	**gelungen**
gelten 通用する	*du* giltst *er* gilt	**galt**	gölte (gälte)	**gegolten**
genießen 楽しむ	*du* genießt *er* genießt	**genoss**	genösse	**genossen**
geschehen *s.* 起こる	*es* geschieht	**geschah**	geschähe	**geschehen**
gewinnen 獲得する		**gewann**	gewönne (gewänne)	**gewonnen**
gießen 注ぐ	*du* gießt *er* gießt	**goss**	gösse	**gegossen**
gleiten *s.* すべる		**glitt**	glitte	**geglitten**
graben 掘る	*du* gräbst *er* gräbt	**grub**	grübe	**gegraben**
greifen つかむ		**griff**	griffe	**gegriffen**
haben 持っている	*du* hast *er* hat	**hatte**	hätte	**gehabt**
halten 保つ	*du* hältst *er* hält	**hielt**	hielte	**gehalten**
hängen 掛かっている		**hing**	hinge	**gehangen**
heben 持ち上げる		**hob**	höbe (hübe)	**gehoben**

不 定 詞	直説法現在	直説法過去	接続法Ⅱ式	過 去 分 詞
heißen …という名である	*du* heißt *er* heißt	**hieß**	hieße	**geheißen**
helfen 助ける	*du* hilfst *er* hilft	**half**	hülfe (hälfe)	**geholfen**
kennen 知っている		**kannte**	kennte	**gekannt**
klingen 鳴る		**klang**	klänge	**geklungen**
kommen *s.* 来る		**kam**	käme	**gekommen**
können …できる	*ich* kann *du* kannst *er* kann	**konnte**	könnte	**gekonnt** (**können**)
kriechen *s.* はう		**kroch**	kröche	**gekrochen**
laden 積み込む	*du* lädst *er* lädt	**lud**	lüde	**geladen**
lassen …させる	*du* lässt *er* lässt	**ließ**	ließe	**gelassen** (**lassen**)
laufen *s.* 走る	*du* läufst *er* läuft	**lief**	liefe	**gelaufen**
leiden 苦しむ		**litt**	litte	**gelitten**
leihen 貸す		**lieh**	liehe	**geliehen**
lesen 読む	*du* liest *er* liest	**las**	läse	**gelesen**
liegen 横たわっている		**lag**	läge	**gelegen**
lügen うそをつく		**log**	löge	**gelogen**
meiden 避ける		**mied**	miede	**gemieden**
messen 測る	*du* misst *er* misst	**maß**	mäße	**gemessen**
mögen …だろう，好きだ	*ich* mag *du* magst *er* mag	**mochte**	möchte	**gemocht** (**mögen**)
müssen …しなければなら ない	*ich* muss *du* musst *er* muss	**musste**	müsste	**gemusst** (**müssen**)
nehmen 取る	*du* nimmst *er* nimmt	**nahm**	nähme	**genommen**
nennen 名づける		**nannte**	nennte	**genannt**

不 定 詞	直説法現在	直説法過去	接続法Ⅱ式	過 去 分 詞
preisen ほめる	*du* preist *er* preist	**pries**	priese	**gepriesen**
raten 忠告する	*du* rätst *er* rät	**riet**	riete	**geraten**
reißen 裂く	*du* reißt *er* reißt	**riss**	risse	**gerissen**
reiten *s.* 馬で行く		**ritt**	ritte	**geritten**
rennen *s.* 駆ける		**rannte**	rennte	**gerannt**
riechen におう		**roch**	röche	**gerochen**
rufen 呼ぶ		**rief**	riefe	**gerufen**
schaffen 創造する		**schuf**	schüfe	**geschaffen**
scheiden 分ける		**schied**	schiede	**geschieden**
scheinen 輝く		**schien**	schiene	**geschienen**
schelten しかる	*du* schiltst *er* schilt	**schalt**	schölte (schälte)	**gescholten**
schieben 押す		**schob**	schöbe	**geschoben**
schießen 撃つ	*du* schießt *er* schießt	**schoss**	schösse	**geschossen**
schlafen 眠る	*du* schläfst *er* schläft	**schlief**	schliefe	**geschlafen**
schlagen 打つ	*du* schlägst *er* schlägt	**schlug**	schlüge	**geschlagen**
schleichen *s.* 忍び歩く		**schlich**	schliche	**geschlichen**
schließen 閉める	*du* schließt *er* schließt	**schloss**	schlösse	**geschlossen**
schmelzen *s.* 溶ける	*du* schmilzt *er* schmilzt	**schmolz**	schmölze	**geschmolzen**
schneiden 切る		**schnitt**	schnitte	**geschnitten**
schreiben 書く		**schrieb**	schriebe	**geschrieben**
schreien 叫ぶ		**schrie**	schriee	**geschrien**
schreiten *s.* 歩く		**schritt**	schritte	**geschritten**
schweigen 黙っている		**schwieg**	schwiege	**geschwiegen**

不 定 詞	直説法現在	直説法過去	接続法Ⅱ式	過 去 分 詞
schwimmen *s.* 泳ぐ		**schwamm**	schwömme (schwämme)	**geschwommen**
schwinden *s.* 消える		**schwand**	schwände	**geschwunden**
schwören 誓う		**schwor** (**schwur**)	schwüre	**geschworen**
sehen 見る	*du* siehst *er* sieht	**sah**	sähe	**gesehen**
sein *s.* (…で)ある	*ich* bin *wir* sind *du* bist *ihr* seid *er* ist *sie* sind	**war**	wäre	**gewesen**
senden 送る	*du* sendest *er* sendet	**sandte** (**sendete**)	sendete	**gesandt** (**gesendet**)
singen 歌う		**sang**	sänge	**gesungen**
sinken *s.* 沈む		**sank**	sänke	**gesunken**
sitzen すわっている	*du* sitzt *er* sitzt	**saß**	säße	**gesessen**
sollen …すべきである	*ich* soll *du* sollst *er* soll	**sollte**	sollte	**gesollt** (**sollen**)
sprechen 話す	*du* sprichst *er* spricht	**sprach**	spräche	**gesprochen**
springen *s.* 跳ぶ		**sprang**	spränge	**gesprungen**
stechen 刺す	*du* stichst *er* sticht	**stach**	stäche	**gestochen**
stehen 立っている		**stand** (**stund**)	stünde (stände)	**gestanden**
stehlen 盗む	*du* stiehlst *er* stiehlt	**stahl**	stähle (stöhle)	**gestohlen**
steigen *s.* 登る		**stieg**	stiege	**gestiegen**
sterben *s.* 死ぬ	*du* stirbst *er* stirbt	**starb**	stürbe	**gestorben**
stoßen 突く	*du* stößt *er* stößt	**stieß**	stieße	**gestoßen**
streichen なでる		**strich**	striche	**gestrichen**
streiten 争う		**stritt**	stritte	**gestritten**
tragen 運ぶ	*du* trägst *er* trägt	**trug**	trüge	**getragen**

不 定 詞	直説法現在	直説法過去	接続法Ⅱ式	過 去 分 詞
treffen 会う	*du* triffst *er* trifft	**traf**	träfe	**getroffen**
treiben 駆りたてる		**trieb**	triebe	**getrieben**
treten *s.* 歩む	*du* trittst *er* tritt	**trat**	träte	**getreten**
trinken 飲む		**trank**	tränke	**getrunken**
trügen だます		**trog**	tröge	**getrogen**
tun する	*ich* tue *du* tust *er* tut	**tat**	täte	**getan**
verderben だめにする	*du* verdirbst *er* verdirbt	**verdarb**	verdürbe	**verdorben**
vergessen 忘れる	*du* vergisst *er* vergisst	**vergaß**	vergäße	**vergessen**
verlieren 失う		**verlor**	verlöre	**verloren**
wachsen *s.* 成長する	*du* wächst *er* wächst	**wuchs**	wüchse	**gewachsen**
waschen 洗う	*du* wäschst *er* wäscht	**wusch**	wüsche	**gewaschen**
weichen *s.* よける		**wich**	wiche	**gewichen**
weisen 指示する	*du* weist *er* weist	**wies**	wiese	**gewiesen**
wenden 向ける	*du* wendest *er* wendet	**wandte** **(wendete)**	wendete	**gewandt** **(gewendet)**
werben 募集する	*du* wirbst *er* wirbt	**warb**	würbe	**geworben**
werden *s.* (…に)なる	*du* wirst *er* wird	**wurde** **(ward)**	würde	**geworden** **(worden)**
werfen 投げる	*du* wirfst *er* wirft	**warf**	würfe (wärfe)	**geworfen**
wissen 知っている	*ich* weiß *du* weißt *er* weiß	**wusste**	wüsste	**gewusst**
wollen …するつもりで ある	*ich* will *du* willst *er* will	**wollte**	wollte	**gewollt** **(wollen)**
ziehen 引く		**zog**	zöge	**gezogen**
zwingen 強いる		**zwang**	zwänge	**gezwungen**

ドライクラング　異文化理解のドイツ語

2020 年 4 月 1 日　初版発行
著　者　菅　　利　恵　　大　喜　祐　太
　　　　大河内　朋　子　　井　口　　靖
　　　　鶴　田　涼　子　　Sebastian Bartholome
　　　　稲　葉　瑛　志　　籠　　　　碧
発行者　大　井　敏　行
発行所　株式会社　郁文堂
　　　　113-0033 東京都文京区本郷 5-30-21
　　　　電話 [営業] 03-3814-5571
　　　　　　[編集] 03-3814-5574
　　　　振替　00130-1-14981